大阪女学院大学 国際共生研究所(RIICC)叢書 ⑤

ファシリテーションが創る大学

教職員と学生の協働による学習コミュニティ

奥本京子・前田美子
編著

大塚朝美・山本淳子・関根聴・中西美和
著

明石書店

目次
まえがき …………………………………………………………………………… 7

第1章　英語教育を支える「リエゾン制度」

大塚朝美

1．はじめに ………………………………………………………… 13
2．「リエゾン」と呼ばれる「科目コーディネーター」………………… 14
3．大阪女学院大学・短期大学の英語教育とリエゾン …………… 17
4．ファシリテーターとしてのリエゾンの役割 …………………… 22
5．リエゾンの意識調査 …………………………………………… 25
6．おわりに ………………………………………………………… 38

第2章　ICTを活用した英語教育における「ファシリテーター」の役割

山本淳子

1．はじめに ………………………………………………………… 47
2．ICTを活用する教員の役割──モニターからファシリテーターへ …… 49
3．COVID-19によるパンデミックから得たもの ………………… 59
4．おわりに──持続可能なファシリテーションのために ………… 60

【コラム①】　学生同士・学生と教員のファシリテーションを促す Self Access & Study Support Center

山本淳子

第3章　平和学授業におけるファシリテーション──対話を実現するストーリーテリング（もの語り）と芸術アプローチ

奥本京子

1．はじめに ………………………………………………………… 69

3

2．平和学におけるファシリテーション ……………………………… 70

　3．人間の関係性におけるファシリテーションの位置付けと軸としての対話 75

　4．ストーリーテリング（もの語り）の意味 ……………………… 77

　5．本学の授業におけるストーリーテリング（もの語り）と芸術アプローチ 83

　6．おわりに——平和教育現場でのファシリテーションによる対話の試み … 95

【コラム②】　大阪女学院でファシリテートされたある卒業生の話

汐碇直美

第4章　グループ課題の取り組みから見えてきたファシリテーション

関根聴

　1．はじめに ………………………………………………………………… 107

　2．社会学におけるファシリテーションに関する先行研究 …………… 108

　3．授業の概要と学生ファシリテーター ………………………………… 109

　4．調査の概要 …………………………………………………………… 112

　5．会議の健全性に関する結果から見えてきたこと ………………… 114

　6．ファシリテーターとグループに関する結果から ………………… 116

　7．調査結果からみえてくること ……………………………………… 123

　8．おわりに ……………………………………………………………… 124

第5章　学生ファシリテーターの恩送りの実践——ともに学び成長し合
う教育共同体の創出と継承をめざして

中西美和

　1．はじめに ……………………………………………………………… 127

　2．BSの恩送りの実際 …………………………………………………… 132

　3．恩送りを支える要因についての考察 ……………………………… 142

　4　おわりに ……………………………………………………………… 144

第6章　国際協力キャンペーンにおけるファシリテーターの役割

——オートエスノグラフィーによる考察

前田美子

1. はじめに …………………………………………………………………… 149
2. ファシリテーターの役割 ……………………………………………… 150
3. 研究手法としてのオートエスノグラフィー ………………………… 152
4. 国際協力キャンペーンのファシリテーション …………………… 153
5. 教員ファシリテーターと学生ファシリテーターの役割 ………… 159
6. おわりに …………………………………………………………………… 163

あとがき ……………………………………………………………………… 167

編著者・著者紹介 ………………………………………………………… 169

まえがき

ファシリテーションが介在する学習コミュニティの創造

<伝統・小規模・女子>という空間で

奥本 京子・前田 美子（編著者）

　本学は、キリスト教に基づく教育共同体である。その目指すところは、真理を探究し、自己と他者の尊厳に目覚め、確かな知識と豊かな感受性に裏付けられた洞察力を備え、社会に積極的にかかわる人間の形成にある（大阪女学院短期大学・大学・大学院ミッションステートメント）。

　1884年に米国カンバーランド長老教会外国宣教局のミッションスクールとして創設された「ウヰルミナ女学校（Wilmina Girls' School、維耳美那女学校)」にルーツを持つ大阪女学院は、のちに大阪女学院短期大学英語科（1968年～）と大阪女学院大学国際・英語学部（2004年～）、そして大学院21世紀国際共生研究科（2009年～）につながっていきます。2024年5月時点で、短大・大学・大学院には総計523名の学生が在籍しており、その教育を支える専任教員・専任職員の数はそれぞれ39名、27名です。このように、私たちの勤める大学[1]は、日本では、伝統校・小規模校・女子大というカテゴリーに入る高等教育機関です。

　本学の歩みを振り返ると、冒頭の普遍的なミッション（使命）を大切にしつつ、時代や社会の変化にいち早く対応し独創的・先進的な教育を世に発信し続けてきたという自負があります。単科の小規模な大学だからこそ、女性のための大学だからこそ、明確な教育理念に支えられたミッションスクールだからこそ可能な教育を掲げてきました。英語教育・人権教育・キリスト教教育を教育の三本柱とし、徹底した少人数制を導入し一人ひとりの学生に丁寧で挑戦的にかかわる教育——学生が自らの尊厳に気づき、「自分らしく」生きる力を養う教育——を、教室の中だけではなく、さまざまな学生生活支援の場で実現してきました。いわゆる「ブランド力」は強くないかもしれないけれども、特色あ

る大学でありたいと願い、歩みを進めてきました。

　実際、本学には多種多様の特色ある教育活動・運営体制があります。その一部を紹介すると、本書で紹介している取り組み以外にも、英語や韓国語で行う授業・卒業研究、初年次から参加できる海外留学プログラム、合宿形式で英語能力の伸長を目指す TOEIC 集中セミナー、学生・教職員が心を整えたり自身を見つめなおす時間である毎日の礼拝やリトリート、全学の通常授業を休講にして丸2日間集中的に人権問題について学ぶ人権教育講座、一人ひとりの学生に専任教員が学修支援を行うアドバイザー制度などがあります。これら個別の取り組みは、本学以外の大学でも行われている試みかもしれませんが、本学ではそれらが組み合わさって、教職員と学生の協働による学習コミュニティを築くことに貢献しています。

　最近の本学の特色をよく表す取り組みの1つとして、新型コロナ感染症の世界的蔓延の混乱期における対応があります。2020年4月8日に全国に緊急事態宣言が発出され、全国の大学などの9割が授業開始の延期を決定・検討する中、本学は同月末にはオンラインで授業を開始しました。同年9月からは、学生・教職員の安全に万全を期し、ほぼ全教科を対面授業に切り替えました。こうした迅速な対応を可能にした要因には、本学が共に学びあうこと——学習コミュニティをつくること——の重要性を教育の信念としていたこと、通常時から先駆的な ICT（情報通信技術）を活用した教育に力を入れていたこと、学生数が30人以下の少人数クラスが全教科の8〜9割を占めていたこと、小規模で教職員同士の情報共有が容易であったことなど、があります。

　さて、本学の学習コミュニティを構成する特色ある個々の営みが、どのように行われているのかに着目すると、そこには「ファシリテーション」が介在していることに気付かされます。本学では、授業は当然のことながら、課外活動、各種プログラム、セレモニー、さまざまな制度の運営などにおいて、ファシリテーションが大きな役割を果たしているのです。本学はファシリテーションが創る大学といえるでしょう。このことを明確に認識するに至った経緯を簡単に述べておきたいと思います。

　2014年、本学の国際共生研究所（Research Institute of International Collaboration and Coexistence, RIICC）に、「ファシリテーション・メディエーション研究」

と称する研究グループが立ち上がりました。コミュニケーションのあり方の多様性を考え、「ファシリテーション」や「メディエーション」と呼ばれる、人間社会における関係性構築のための形態について調査・研究を行うことを目的としました。その研究活動には、本学教員だけでなく大学院生や学部生また学外の研究者・実務家も参加し、これまでの10年間で40回近い研究会・セミナー・ワークショップを開催してきました。

　研究グループでは、「ファシリテーションとは何か」という根源的な問いに答える議論を重ねてきました。その成果の1つとして、2022年には、このグループに連なる学問・研究領域の異なる教員らの共著論文（奥本京子・前田美子・中西美和・船越多枝・関根聴・上野育子「ファシリテーション研究とは何か――6つの学問領域における先行文献レビューを比較して」『大阪女学院大学紀要』第18号：pp.21-35）を発表しました。本論文の冒頭には、ファシリテーションという行為を次のように説明しています。

　　「ファシリテーション（facilitation）」（名詞）や「ファシリテート（facilitate）」（動詞）は、ラテン語の "facilis" すなわち「容易にすること」に由来する。一般的には、コミュニケーションや理解を「促進する」「助ける」また「楽にする」などの意味を持つ。「ファシリテーター（facilitator）」は、ファシリテートする人を指す。

　そして、こうしたファシリテーションの一般的な概念に加え、研究・実践領域によってその概念が異なることもこの論文の中で指摘しています。

　この論文の発表と前後して、研究グループでは、多義的なファシリテーターの概念を用いて本学のさまざまな教育活動や各種制度の運営を説明することができるのではないかと考え始めました。つまり、本学では、長年に亘り、授業をはじめとするさまざまな活動や取り組みが、ファシリテーションの介在によって行われてきたという認識を深めていったのです。その活動の場にいる当事者自身が、ファシリテーションの介在に意識的である場合もあれば、意識的でない場合もありますが、1つひとつのファシリテーションを介在した活動や取り組みが有機的に相互に連携し、〈伝統・小規模・女子〉という空間の中に学

習コミュニティを創造してきたという共通認識に至りました。

　本書は、本学の学習コミュニティの創造に寄与する、ファシリテーションが介在する多種多様な活動や取り組みをより深く理解しようとする試みです。

　第1章（大塚朝美）では、教育・学習環境の整備を行う「リエゾン制度」を取り上げます。一般的には「科目コーディネーター」と呼称される本学の「リエゾン」は、開講科目ごとに専任教員が担当し、同じ科目を担当する教員間の連絡調整にあたります。英語科目のリエゾンへの意識調査の結果をもとに、リエゾンがファシリテーターとして同僚教員たちとどのようにかかわっているのか、また本学の英語の科目運営においてどのような役割を果たしているのかを明らかにします。

　第2章（山本淳子）は、英語教育の現場から、ICTを活用する教員が果たすファシリテーターとしての役割を検討します。英語教員が、ICTを使いファシリテーターとしての役割を担うに至った軌跡と現在の取り組みを紹介し、ICT環境が整備された今こそ推進すべきファシリテーションのあり方や今後の課題について考えます。

　本学での正規授業におけるファシリテーションの介在、すなわち教員によるファシリテーションについては、第3章（奥本京子）においても検討されます。平和学関連の授業の中では、ファシリテーションによって可能となる対話がいかに重要か、を解説します。平和学とファシリテーションの関係について先行研究と実践から考察し、平和学ファシリテーションに影響を与えた理論・方法論を紹介します。ファシリテーションを通じて、芸術アプローチ「ストーリーテリング（もの語り）」を重視した授業展開では、受講生が相互に関係性を深め、社会・世界のあり方を自身のものとして捉えていくのです。平和学の学びの実践の1例として、授業展開の詳細を具体的に描写します。

　引き続き、第4章（関根聴）では、社会学関連の授業「ジェンダーからみた現代社会」のグループ活動に、学生によるファシリテーションが行われていることに着目します。グループ課題である絵本制作の過程における学生同士のかかわりや動きについて調査し、その結果からグループ活動の中で行われるファシリテーションのあり方を考察します。ここでは、教員による学生の主体的な

学びのファシリテーションの上に成立する、学生によるファシリテーションが検討されます。

　学生によるファシリテーションが、課外活動の場においてみられる事例は、第5章（中西美和）において考察されます。本学では、約50年前から「Tグループ」の手法を用いたリーダーシップトレーニングを年度末に実施し、新入生を支援する上級生「Big Sister（BS）」を育成し活用する体制（BS制度）を整えてきました。BSは、教育共同体を支えるファシリテーターとしての役割を果たし、彼らから下級生への「恩送り」を行っています。4月のオリエンテーション期間に新入生とBSが共に過ごす中で生じるBSの恩送りの実態を捉え、恩送りを支える要因は何か、また恩送りの実践が、BS自身の成長にどのように寄与するのかを、BSのインタビューから検討しています。

　第6章（前田美子）では、課外活動の場において行われる学生のファシリテーションを教員がファシリテートする活動を取り上げます。国際協力キャンペーンを促進する活動において、教員と学生という2つの立場のファシリテーターがどのような役割を果たしてきたのかを、オートエスノグラフィーという研究者自身の経験を研究データとする研究手法を用い、明らかにしていきます。

　2つのコラムのうち1つは、教員と学生、学生同士のファシリテーションを通して言語学習を推進する「学習支援センター」についての紹介です（山本淳子）。もう1つは、現在牧師として活躍する卒業生（汐碇直美）による回想で、ミッションスクールである本学との出会いによって、人生そのものが「ファシリテート」された経験を振り返っています。

　本書は、大学教育のあり方や教育一般に関心を寄せる方々を読者対象として想定しています。大学進学希望者が総入学定員数を下回る「大学全入時代」に入り、大学は学生を選ぶ立場から学生に選ばれる立場になりました。人々の価値観が多様化し偏差値だけで大学を選ぶ時代も過去の話となりました。進路選択の当事者である高校生の皆さんはもちろん、それを支える中学・高校の教員や保護者の皆さんにとって、本書が選択肢の幅を広げる一助になることを願っています。また、大学の教職員や教育に関心のある人々にとって、本書が高等教育の可能性について再考する機会となれば幸いです。

注

1）本書では、大阪女学院短期大学、大阪女学院大学、大阪女学院大学大学院の３つの高等教育機関を「大阪女学院大学」と総称しています。また、それを「本学」と称することもあります。

第1章

英語教育を支える
「リエゾン制度」

大塚 朝美

1．はじめに

　本章は、大阪女学院大学の英語教育を長きにわたり支えていると考えられる「リエゾン制度」に注目し、その仕組みとリエゾンが果たす役割についてファシリテーションの観点から考察することを目的としています。私は本学でPhonetics（音声学）という科目を 25年以上担当しており、この間に 3 人の教員がリエゾンを務めました。現在は自らがリエゾンとなり、同じ科目を担当する教員とともに Phonetics チームとして日々の授業に携わっています。「リエゾン」とはあまり馴染みのない用語だと思いますが、フランス語が語源の言葉で、「結びつき」や「連絡」を意味します。そこから高じて連携、連絡係、つなぎ、の意味で使われます。本学の「リエゾン」とは、一般的な用語で言い換えるとすれば、「科目コーディネーター」です。大学で開講されている科目ごとに置かれているリエゾンが、ファシリテーターとして同じ科目を担当する同僚の教員たちとどのようにかかわっているのか、また本学の英語の科目運営においてどのように機能しているのかを明らかにしようと思います。本章のフォ

13

ーカスは、教員間のファシリテーションです。学生を対象とするファシリテーションとはまた違った側面から、ファシリテーションについて考えます。

　まず第2節では、本学がリエゾンと呼ぶ「科目コーディネーター」について解説し、一般的に求められている役割について考えます。第3節では、本学の英語教育について簡単に説明し、その中でのリエゾンの位置づけについて述べます。第4節では、ファシリテーターとしてのリエゾンの役割を考えるとき、どのような観点からアプローチすべきかについて堀（2018）が示すファシリテーションの4つのスキルを参考にし、整理します。第5節では、実際の教員の意識調査の結果をもとに、本学でのリエゾンの役割を分析し、今後のリエゾンの在り方について考察します。

2．「リエゾン」と呼ばれる「科目コーディネーター」

　リエゾン（liaison）という言葉は、英英辞典Cambridge dictionary では、"communication between people or groups who work with each other"（共に働く人と人またはグループ間でのコミュニケーション）と定義しています。また、Longman dictionary では、"the regular exchange of information between groups of people, especially at work, so that each group knows what the other is doing"（特に仕事上のグループ間で情報交換をし、その結果、それぞれのグループが何をしているのかを互いに知ること）とし、いずれの辞書も人と人とのつながりやコミュニケーションを指す言葉として説明しています。本学では、リエゾンは「科目コーディネーター」のような役割を指す言葉として使用し、またその役割を担う教員をリエゾンと呼んでいます。

　リエゾンは、1・2年次生が履修する必修科目のように同じ科目名で複数クラスが開講される場合、その科目を担当する複数名の教員のまとめ役です[1]。本学では、すべての授業を専任教員だけで担当することが不可能なため、多くの非常勤教員を迎えて授業を開講しています。同じ科目名の複数クラスが専任と非常勤教員の混合メンバーで担当されていることもよくありますが、学生にとっては授業担当者が専任であるか非常勤であるかは関係ありません。同じ科目を受講する場合、同じ授業内容が提供されることを期待しています。授業担

14

当者は、同じ授業目標の下、同じ教科書を使用して同じ評価基準を用いるのが基本となります。このように足並みを揃える必要のある科目について、授業内容や授業運営についてコーディネートするのがリエゾンです。

　他大学においても、本学と同様に同一科目で複数クラスが開講される場合、そのまとめ役を担当する教員が存在することもあります。他大学での私の非常勤講師としての経験の中でも、科目のまとめ役の先生を紹介されることもあれば、特にそれに該当する人物が存在せず、何か質問がある場合は○○先生に聞いて下さい、と伝えられることもありました。一般名称としては、「科目コーディネーター」が使用されていることが多く、大学が公開している資料や論文などにもその名称で登場します。その役割の範囲については大学ごとにさまざまであり、科目担当者間の連絡係であったり、科目の評価にまでかかわる場合もあります。例えば、大手前大学の必修科目に置かれた科目コーディネーターの仕事内容については、「科目の目標設定、教材・課題の選定や作成など」や「科目担当の全教員へ連絡など、全クラスで統一の授業が展開され同一の学習成果が得られるための調整」としています（近藤、2010）。また、札幌医科大学の規程「札幌医科大学医学部の教育課程、授業科目履修方法、試験及び進級取り扱いに関する規程」では、科目コーディネーターの仕事として、「原則として学年末に、授業科目の単位の授与及び授業科目修了の認定を行うものとする。」（第6条の2）、「試験は、定期試験、中間試験、……（中略）、卒業試験、追試験及び再試験とし、筆記、口答又は実技その他科目コーディネーターが別に指定する方法によりおこなうものとする。」（第7条）といった内容が明記されており、試験や単位認定などにもかかわっていることがわかります（札幌医科大学、2007）。科目コーディネーターに焦点を当てた調査やその仕事内容についての研究を検索した結果、調査の数は極めて限られていました。その理由として考えられるのは、この役割は対外的にまたは学生たちに対して説明や公表が必要な役割というよりも学内や教員間にかかわる役割である、ということです。そのため、調査や研究対象としてそれほど注目されてこなかったのではと推測します。

　海外の大学についても同様に科目コーディネーターを対象とした記述や調査などを検索した結果、"subject coordinator" という役割は存在しますが、その

仕事内容は国内と同様にさまざまな範囲に及んでいることがわかりました。また、「コーディネーター」と称することでより専門的な仕事として捉える傾向もあり、日本の大学教員が兼任するような役割とは少し違ったニュアンスで捉えられている印象もあります。ここでは、比較的日本の大学で考えられている「科目コーディネーター」に近い役割を示しているものを紹介します。例えば、アメリカ合衆国のカリフォルニア州立大学フラトン校（California State University, Fullerton, USA）では、Subject Area Coordinator というポジションを設けており、その仕事について以下のように記載しています。

> The Subject Area Coordinator (SAC) is responsible for teacher candidate ecruitment, preparation, support, and evaluation; Clinical Coach and Mentor Teacher selection, support, and monitoring; and curriculum and program development and implementation.

（https://ed.fullerton.edu/seced/sscphandbook/roles-responsibilities/subject-area-coordinators.php）

　仕事内容については、教員採用やカリキュラム・プログラムの開発や実施にかかわるなど、幅広く科目をコーディネートする役割を示しています。一方、オーストラリアのラ・トローブ大学（La Trobe University, Melbourne）では、コース・コーディネーター（Course coordinator）と科目コーディネーター（Subject coordinator）に役割を分け、業務内容を示しています。科目コーディネーターの仕事は、以下の3点が示されています。

The subject coordinator will:
- Manage the work of the teaching team, which may comprise instance leaders, lecturers, tutors, demonstrators and guest expert presenters. （講師、チューター、専門家などで構成されるティーチング・チームを運営する）

- Provide advice and direction on matters involving learning outcomes,

第1章　英語教育を支える「リエゾン制度」

assessment criteria and standards, activities and tasks, the Subject Learning guide, information listed in the Course Information Management System, the texts and resources used and material presented in class.（学習成果、評価基準、活動やタスク、科目学習ガイド、コース情報管理システムに記載されている情報、授業で使用するテキストや資料などに関する助言や指示を行う）

・Ensure that there is regular contact between team members, and schedule a specific meeting to discuss the finalising of grades and opportunities for subject revision each time a subject is offered.（チームのメンバー間で定期的に連絡をとり、成績の最終的な確定や科目開講ごとに科目について振り返る機会をもつための話し合いを予定する）

（https://www.latrobe.edu.au/staff/work-at-latrobe/teaching-support/course-and-subject- coordinators）

　国内外の大学において、科目コーディネーターという役割が存在し、大学の科目運営についてさまざまな業務を行っていることがわかりましたが、その責任の範囲や仕事内容は各大学がそれぞれ設定しており、多様です。本章で注目している本学のリエゾンとは、本来の授業や研究を行うことと兼任して携わる大学教員であり、リエゾンになるための研修やトレーニングを受けた人物ではありません。その業務については、次の節で本学の英語教育の枠組みと合わせて解説します。

3．大阪女学院大学・短期大学の英語教育とリエゾン

　前節では、国内外の大学において科目コーディネーターと呼ばれる役割の例を示し、どのような位置づけであるのか、またどのような業務を担っているのかを紹介しました。ここでは、本学の英語教育の仕組みを簡単に解説し、その

17

中でリエゾンはどのような立ち位置にいるのかを解説します。

　大阪女学院大学には国際・英語学部、短期大学には英語科があり、英語教育に力を入れている大学です。図1は、大学4年間の学びを図式化したものであり、学生たちは平和・人権・文化・環境をテーマに読む、書く、聞く、話すといった4技能（スキル）を組み合わせて学習します（大阪女学院大学、2023）。主に1・2年次で必修科目として履修する「共通英語科目」については、表1で履修年次と専攻・レベル名を示し、その科目を担当するリエゾンを示しています。リエゾンの名称は英語の技能（スキル）の名称または授業科目名を使用しており、Readingのリエゾン、World Newsのリエゾン、のように呼ばれています。本学では、Placement testとTOEICのスコアにより、1年次からクラスをレベル別に設定しており、各クラスは20人前後の少人数クラスで授業を実施しています。レベルは、Advanced（a1クラス）、Standard（b1, c1, c2クラス）、Foundation（d1, d2クラス）の3レベルとし、レベル分けをすることで学生の英語力に合わせたよりきめの細かい指導を目指しています。また、専攻は国際・英語、WGL（Women's Global Leadership）、韓国語の3つに分かれていますが、韓国語の科目はここでは省いています。

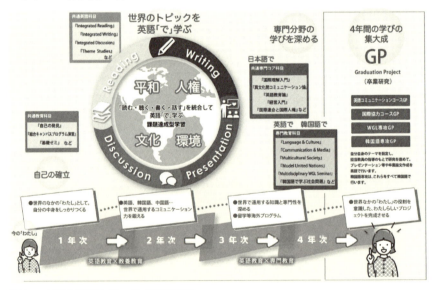

図1　大阪女学院大学　学びの図式化

第1章　英語教育を支える「リエゾン制度」

表1　大阪女学院の共通英語科目（2024年度の必修科目のみ）

科目名	略語 / 担当リエゾン	履修基準年次
Integrated Reading 1・2	IR / Reading	1年次（全レベル共通）
Integrated Discussion 1・2	ID / Discussion	1年次（全レベル共通）
Integrated Writing 1・2	IW / Writing	1年次（WGL, A, S）
Phonetics 1・2	P / Phonetics	1年次（全レベル共通）
Grammar 1・2	G / Grammar	1年次（WGL, A, S）、2年次（F）
Introduction to Women's Global Leadership		1年次（WGL）
Women and Global Studies		1年次（WGL）
Foundation Reading 1・2	FR / Reading	1年次（F）
Foundation Writing 1・2	FW / Writing	1年次（F）
Foundation Grammar 1・2	FG / Grammar	1年次（F）
Oral Communication 1・2	OC / Discussion	1年次（F）
World News A, B	WN / World News	2年次
Theme Studies A, B, C, D	TS / Theme Studies	2年次〜3年次（S, F）
Advanced Seminar 1, 2, 3, 4		2年次（A）
Academic Discourse	AD / Discussion	2年次（WGL, A, S）、3年次（F）
Academic Writing	AW / Writing	2年次（WGL, A, S）、3年次（F）
College Writing	CW / Writing	2年次（F）
Research Presentation	RP / Discussion	2年次（WGL, A）、3年次（S, F）
Research Writing	RW / Writing	3年次（全レベル共通）

注：履修基準年次にある頭文字の表記については以下の専攻・レベルを示している。
WGL = Women's Global Leadership, A =Advanced, S = Standard, F = Foundation

　本学のリエゾンは、毎年開講される科目について1年間というスパンの中で同じ科目を教える担当教員をチームとし、科目や授業運営がスムーズに行くように舵取りをします。リエゾンを任される経緯はさまざまです。単純にその科目を担当する専任教員が自分一人だったという場合、もしくは、同じ科目に数人いる専任教員の中で、その科目の分野が自分の専門分野と関連していることからリエゾンになることもあります。また、基本的にリエゾンが担当するのは、同一科目名で開講される複数クラスの授業ですが、英語の技能（スキル）が関

連する授業については、まとめられることもあります。例えば、Reading のリエゾンは、Integrated Reading と Foundation Reading を担当する他、選択科目の Speed Reading のような Reading に関連した科目についても担当します。Phonetics のリエゾンは、必修クラスの Phonetics をはじめ、発音指導を重視する選択科目の Oral Interpretation についても担当します。大抵はリエゾン本人もその科目を教えながらリエゾンを務めることが基本ですが、時には担当したことのない授業（または該当年度に担当しない科目）であっても同じ枠組み（例えば、リーディング関連、スピーキング関連など）の科目であるという理由で、リエゾンとなることもあります。このように、いくつかの科目をまとめて担当する場合もありますが、1・2 年次の英語必修科目を中心にリエゾンが設定され、2023 年度は 8 名の専任教員がリエゾンとして科目運営にかかわりました。

　リエゾンの主な業務は、年度初めに向けてシラバスや評価配分の確認など科目関連の連絡を行い、必要に応じて会議の招集なども行います。科目担当者はその科目のリエゾンにわからないことや困ったことがあれば問い合わせ、相談するように連絡されます。特に新しく科目を担当する教員の世話役もリエゾンです。試験が近づけば、試験範囲や内容に関する確認を行い、学期末や年度末には振り返りの会を開くこともあります。共通のテストを行う科目では、テスト作成の分担をしたり内容のチェックをしたりする業務も追加されます。クラスごとに課されるレポートやテストなど、クラス間で大きな差が出ないように、担当者に聞き取りや確認を行うこともあります。1 年を通して科目運営に目を配り、担当教員に声を掛け、学生の様子を尋ねながらリエゾンとして業務を進めていきます。

　ベネッセが発行する情報誌『Between（2009 年秋号）』では、「実践！初年次教育講座」として、同一科目を複数教員で担当するケースに大阪女学院大学をケース・スタディとして取り上げています。この記事は 2008 年度に改編したカリキュラムをベースに書かれているため、現在のカリキュラムと比較すると古い情報が含まれており、変更された点もありますが、おおよその大学の方針やシステムを解説しています。その中で、リエゾンについても以下のように説明されています。

第1章　英語教育を支える「リエゾン制度」

『Between（2009年秋号）』より抜粋

　英語の各科目には「リエゾン」と呼ばれる橋渡し役の教員を配置し、クラスごとに学習内容や進度にばらつきが生じないように調整。さらに、すべての教員が「コミュニケーションボード」に毎回の授業計画を書き込み、他の科目の状況を一目で把握できるようにしている。2方向からの確認により、授業の質を維持しているわけだ。

　授業計画だけでなく、学生に関する情報を日常的に交換し、教員全体で個々の学生を支援するのは、小規模大学ならではの取り組みといえる。各クラスに「チームリーダー」として配置された教員が、他の教員から出席情報を集め、「ある科目にだけ出席していない」といった状況が起こらないように見守る。

　『Between』の説明に登場する「コミュニケーションボード」とは、コルクボードを使用した掲示板（写真1）で、専任教員と非常勤教員の誰もが通る場所に設置されており、縦に科目名、横には1年生のaクラスからdクラスまでが配置されています。それぞれのクラスを担当する教員の顔写真も貼られており、同じクラスを担当する教員メンバーを確認することができます。科目のリエゾンについては、科目名の下に名前が貼られています。このボードにはクラスの担当者がシラバスを貼り、何か連絡事項などがあればこのボードを使用する場合もあります。2年次以降に履修する科目にもリエゾンは置かれていますが、特に必修科目の多い1年次生を中心にボードを使用しています。また、『Between』の説明にあった「チームリーダー」とは、リエゾンとは別にクラスを担当する専任教員1名が務める役割であり、科目を超えてクラスとしての悩みや心配事などがないかどうか、声掛けをして問題を共有する取り組みも行っています。自分の担当するクラスでのみ起こっている問題なのか、このクラスを教える別の科目でも同じようなことが起こっているのか、また欠席が多い学生は自分のクラスは休みがちだけれど他のクラスにも出席していないのか、など、情報を共有することで早めに問題に対処できることもあります。今回はリエゾンにフォーカスをしているため、チームリーダーについては取り上げていませんが、リエゾンとはまた別の視点で1年次のクラスを見守っている存在

21

があることを追記しておきます。

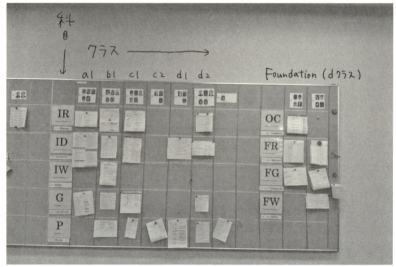

注：写真上部に手書きされた文字は筆者による
写真1　コミュニケーションボード

4．ファシリテーターとしてのリエゾンの役割

　特定非営利活動法人の日本ファシリテーション協会のホームページでは、ファシリテーションとは「人々の活動が容易にできるよう支援し、うまくことが運ぶよう舵取りすること」であり、「集団による問題解決、アイデア創造、教育、学習等、あらゆる知識創造活動を支援し促進していく働き」であると説明しています。また、堀（2018）では、ファシリテーションとは「集団による知的相互作用を促進する働き」としています。ファシリテーション（facilitation）のfacileはeasy（容易な：容易に手に入る）の意味で、英語のfacilitationは「容易にすること、簡便化」、「促進、助成」と訳されています。ファシリテーションを実行する人がファシリテーターであり、本章では大阪女学院の科目運営にかかわるリエゾンがファシリテーターではないだろうか、と

いう視点でアプローチを試みています。

　ファシリテーションを実行する人、つまりファシリテーターと聞くと、ビジネスでは会議の進行役などが例に挙げられることが多いのですが、会議のような短い時間枠に限らず、数か月、数年、といった長期的な活動においてもファシリテーターは存在します。実際、教育の場面では、ファシリテーターとしての教員、という立場から、授業を行う上で教員はファシリテーターであるべきだ、と言われます。また、大学に限らず、さまざまな校種において教員がファシリテーターとしてどのような授業を行うことが可能であるかについても色々な例が紹介されています（中野・三田地、2016；中野、2017）。

　ファシリテーターに必要な習得すべきスキル（手腕）として、堀（2018）は次の4つを挙げています。場のデザインのスキル、対人関係のスキル、構造化のスキル、合意形成のスキルです。これらは基本的には会議場面を想定したスキルとして提示されていますが、本章では、1年を単位とした科目運営の場面でこれらの4つのスキルに関連するリエゾンの業務や役割を整理して示し、次の節に続く意識調査との関連を述べることとします。なお、スキルという言葉は、英語の4技能（4 skills）を表す際にも使用し、若干ニュアンスが違うため、堀（2018）の示す4つのスキルは「手腕」（物事をうまく処理していく能力）として漢字で表記することとします。

4.1.場をデザインする手腕——場をつくり、つなげる

　場をデザインする手腕とは、「場をつくり、つなげる」ことであり、会議であればいつ、どこで、誰が何のためにどのような会議を開くのか、といった基本的な場の設定を行うことです。これをリエゾンの仕事として考えると、まず科目について話し合いの場を設定しているか、また、設定するならどの時期に何を目的にどのような方法で話し合うのか、といったことでしょう。コロナ禍以前には、会議といえば対面で行うのが常でしたが、コロナ禍以降はオンライン会議という形態も加わり、会議の形が多様化しているのが実情です。また、メール上でのやりとりを行う、「メール審議」といった方法で話し合いや何らかの決定を行うこともあり、さまざまな形の場のデザインが考えられます。

4.2.対人関係の手腕——受け止め、引き出す

　ここでは、「受け止め、引き出す」ことが求められています。つまり、会議での参加者の意見や考えを上手く引き出して、話し合いの場でお互いに相手の考えや思いを知る機会をつくることを指します。リエゾンの役目としては、前述した科目関連の会議を開くことの他、会議という場の外でのコミュニケーションが意外と重要であると考えられます。学期中に偶然会って立ち話をする、講師控室に顔を出して話す機会も持つ、など、同じ科目の担当者と科目以外の話をすることも人間関係を形成する上で重要な要素となり、考え方の傾向や反応を知るヒントとなることも実際に多くあります。よって、ここでの対人関係の手腕とは、もう少し広い枠組みで捉えることとします。

4.3.構造化の手腕——かみ合わせ、整理する

　構造化の手腕、と聞いても少しイメージが難しいと思いますが、「かみ合わせ、整理する」ことを指します。会議などで議論が白熱した際、またなかなかまとまらず結論にたどり着けそうにない時、また、議論が平行線となって収拾がつかないような場面に遭遇することがあります。そのような時には、ファシリテーターとして議論をわかりやすく整理し、最後に皆が合意できるような方向に持って行く手腕が必要です。この手腕をリエゾンに当てはめた場合、1つの会議での方向性やまとめを行うことはもちろん、年度の途中に何らかの問題が発生した場合、教材や授業の進行などに関する事項、また新規事項を導入しようとする、もしくはこれまで行っていたことを廃止するといった際の意見の相違や反対意見など、さまざまな場面が想定されます。そういったさまざまな意見や可能性を示し、わかりやすく提示することが構造化の手腕と言えるでしょう。

4.4 合意形成の手腕——まとめて、分かち合う

　合意形成の手腕とは、「まとめて、分かち合う」ことです。こちらは、会議の最後に参加者がこの方向性でよいと納得し、話し合った意味を見出せるよう

導くことができる手腕です。リエゾンの役割として考えると、各会議における合意形成はもちろん、１年間の科目運営について、科目担当者全員がこの方向性で進みましょう、と合意できるかどうかが大切です。そのように上手く導くことができるかどうか、がリエゾンにとっての合意形成だと考えます。

5．リエゾンの意識調査

　本学のリエゾンの役割を担う教員延べ11名（日本語話者３名、英語話者８名）を対象に意識調査を実施しました。2023年度を含むこれまでのリエゾン経験を中心に回答を求めましたが、現在担当している科目とは違う科目のリエゾンを過去に担っていた教員には、その経験についても回答を求めたため、延べ人数としています。調査には Google Forms を使用し、質問は日本語と英語を併記しました（資料１）。質問の種類は、５段階で答える問いや自由記述、また Yes と回答した場合、さらに詳しく説明を求めるような質問形式としました。担当科目と回答人数については表２の通りであり、2023年度に開講されていない科目には＊印をつけています。リエゾン経験の年数は、２年から５年が延べ９名、それ以外の２名は７年、17年と長期にわたりリエゾンにかかわっています。質問範囲については、（1）リエゾンという業務に対する全般的な印象（５段階）、（2）ファシリテーションの４つの手腕に関連したリエゾンの業務（Yes / No の形式で回答し、さらに説明を記述）、そして（3）ファシリテーターとしてのリエゾンの捉え方、の３つに分かれており、区分ごとに分析結果と考察を述べます。なお、筆者は Phonetics のリエゾンとして４年間業務に携わっていますが、客観性を保つため今回の調査には回答を含めていません。ただ、必要に

表2　リエゾン調査の回答者延べ人数

リエゾン（担当科目）	Reading	Discussion	Writing	Grammar	World News	Theme Studies/ Topic Studies*	Integrated Studies*
人数	1	2	2	1	2	1	2

注：旧カリキュラムの科目名には＊印を付けた

応じて Phonetics のリエゾン経験も追記する場合があることをここに述べておきます。

5.1.リエゾンという業務に対する全般的な印象

最初にリエゾン業務に関する全般的な印象を捉えるために、5問の質問に対して5段階（5：Strongly agree「強く同意する」から1：Strongly disagree「全く同意しない」）で回答を求めました。表3は質問項目に対する11名の回答の分布と回答の平均値を示しています。

最も高い平均値（4.3）となったのは Q2-1 であり、リエゾンの必要性については多くの回答者が科目にとって必要な存在であると答えました。同様に平均値が4を上回った Q2-3（リエゾンの仕事量）と Q2-4（リエゾンの仕事にかかる時間）については、リエゾンの仕事が大変で時間を要することに対して同意する回答であり、リエゾンになるとそれにかかわる仕事量が増え、業務のためにある一定の時間を割かなければならない現状が窺えます。一方、Q2-5（やりがい）についても、平均値が3.9であり、仕事量はある程度増える反面、リエゾンとしてのやりがいについては肯定的な回答となりました。Q2-2 のリエゾンの仕事内容の好みについては、回答は1から4まで幅があり、好みの差が出る結果となりました。

リエゾン業務に関する全般的な質問の回答結果から、概ねリエゾンの仕事は

表3　リエゾン業務に関する全般的な質問

質問項目		5	4	3	2	1	平均値
Q2-1	リエゾンはこの科目に必要だ Liaison is necessary for the course.	5	4	2	0	0	4.3
Q2-2	リエゾンの仕事は好きだ I like working as a liaison.	0	6	4	0	1	3.4
Q2-3	リエゾンの仕事は大変だ Working as a liaison is tough.	3	5	3	0	0	4
Q2-4	リエゾンの仕事は時間がかかる Working as a liaison is time consuming.	4	4	3	0	0	4.1
Q2-5	リエゾンの仕事はやりがいがある Working as a liaison is challenging.	2	6	3	0	0	3.9

好意的に受け止められており、リエゾンは科目運営にとって必要であると認識されていることが明らかとなりました。仕事内容についての好みは人それぞれですが、約半数が仕事を好むかどうかについて「4」を選んでおり、こちらも前向きに捉えているようです。

5.2.ファシリテーションの4つの手腕に関連したリエゾンの業務

場をデザインする手腕

リエゾン業務の1つとなる話し合いの場の設定は、現在情報通信技術（以下、ICT = Information and Communication Technology）を駆使したオンライン会議やメール審議など、多様化した形態で行われる傾向にあります。実際に担当科目についての連絡事項や話し合うべき事項が発生した場合、リエゾンが会議を設定しなければなりません。通常、2月に English Workshop を開き、次年度に授業を担当する教員に対して、大学の方針や連絡、また科目ごとの顔合わせや話し合いをする時間が設けられます。それ以外に話し合いの場を持つか持たないか、その回数や方法についてはリエゾンに任されており、特に決まりはありません。本学のリエゾンはどのような形で場のデザインをしているのか、以下が調査の結果です。

会議の開催の有無については、図2で示すように8名（約7割）が開催していると回答し、その頻度は年または学期に1～3回程度が最も多く（7名）、新しい審議事項がある場合など状況に応じて（1名）という回答もありました。開催していない場合も、個別に学内で顔を合わせた時に話すように努めていると回答するリエゾンもいました。また、メール連絡についても9名（約8割）

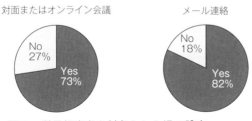

図2　科目担当者を対象とした場の設定

がメールを利用しており、頻度については、学期に1〜2回程度が最も多く（5名）、5回以上が3名いることがわかりました。

　場のデザインについては、会議やメールの回数以外にも、連絡のタイミング、会議時間、審議事項に対する返信の締め切り時期の設定など、会議やメール発信に関連するその他の要素も決定しなければなりません。Q5では、「リエゾン（コースのファシリテーター）として、科目担当者との連絡を適切なタイミングでとることができた」かについて5段階（1：Never から5：Usually）で回答を求めました。その結果、平均値は4.5（回答分布は5：6名、4：4名、3：1名）と高く、全体として適切に連絡を行ったと捉えていることがわかりました。また、Q6では「リエゾンとして時間配分、締め切り、連絡のタイミングなどで気を付けていること」については、自由記述でその工夫や配慮を尋ねました。複数記述されていた点は、連絡すべき事項について、特に教材や評価の割合などの変更がある場合はなるべく早めに連絡するように努める、ということでした。

　リエゾンが場のデザインにかかわる要素として、対面やオンラインでの会議の設定やメール連絡について調査したところ、多くのリエゾンが科目担当者と話し合う場を確保し、連絡のタイミングなどに気を付けて情報を発信していることが明らかとなりました。対面やオンライン会議を開いていないと回答したリエゾンも定期的なメール連絡は行っており、このことからすべてのリエゾンが場をデザインするという役割を果たしていると言えるでしょう。

対人関係の手腕

　一般的に対人関係がよい状態であると、会議の雰囲気が良かったり進行がスムーズにいくという経験が誰しもあるのではないでしょうか。会議に限らず、1年間を通した科目運営にかかわるリエゾンにとって、リエゾンと科目担当者、また科目担当者同士がよい人間関係を保っていることは色々な面で助けとなり得ると考えられます。Q10では、「科目担当者間や担当者とリエゾンとのコミュニケーションを円滑にするための工夫があれば、書いて下さい」という質問をし、自由記述で回答を求めました。

　表4に示した回答例からもわかるように、授業外や会議の時間外に意識的に対面でコミュニケーションをとる、話をする、というストラテジーを取ってい

第1章 英語教育を支える「リエゾン制度」

るリエゾンが多いことが明らかとなりました。専任教員は授業を担当する教室
と自分の研究室との往復のみで、他の教員とは会わないこともしばしばありま
す。また、非常勤教員の控室に特に用事がない場合、わざわざ立ち寄るという
ことも少ないでしょう。しかしながら、リエゾンという立場になると、そうい
った休み時間のほんの数分間でも直接話せる貴重なチャンスになるのです。非
常勤教員は勤務形態上、担当授業のある曜日の特定の時間帯にのみ大学に滞在
しているので、「この曜日のこの時間に控室を訪ねれば、あの先生に会えるだ
ろう」と時間割を確認して出向くことも実際にあります。幸い、本学は小規模
校のため1つの建物内に教室をはじめ事務局、講師控室、教員の研究室が収ま
っており、教員が講師控室を訪れやすい環境であると言えるでしょう。一方、
メール上でのコミュニケーションでは、返信を迅速にする、情報共有を担当者
全員にする、などに気を配っているという回答もありました。メールの文面は、
対面で伝えるのとは違う印象を与えたり、こちらの意図とは違うニュアンスで
受け止められることもあります。対面でのコミュニケーションが一番良いとい
う認識はありますが、近年ではほとんどをメール連絡で済ませています。メー
ルの使い方に気を配ることも1つのストラテジーであることがわかります。そ
の他の回答として、コミュニケーションボードの使用を促すこと、科目を初め
て担当する教員向けのガイドを作成するなどの工夫が挙げられていました。前
述のコミュニケーションボードでは、担当者の顔写真も貼ってあるため、授業
担当の曜日が違って会えない非常勤教員同士でも確認することができ、そこに
シラバスやメモを貼っておくことでコミュニケーションをとることができます。
科目に関する教員向けのガイドは、科目のリエゾンに任されていますが、その
ようなガイドを作成している科目もあります。特に担当教員の入れ替わりが多
い科目では、その都度新しい教員に一から説明するのはリエゾンにとっても時
間を要する業務です。そういった手順を効率化するために生まれたのが、「科
目の教え方ガイド」のような手順書です。これもコミュニケーションをスムー
ズにする1つの工夫であると考えます。

　リエゾン業務に時間を取られる、大変である、といった理由の1つに、恐ら
くコミュニケーションへの工夫も含まれているのではないかと推測します。自
ら動いてコミュニケーションの機会をもつ努力をすることが、1年間の科目運

29

表4　コミュニケーションの工夫についての回答例（Q10より）

対面のコミュニケーション
・学内で担当者に出会ったときにはクラスの様子を尋ねるなど、普段から
　コミュニケーションを密にする
・普段から話しやすい雰囲気をつくる
・授業時間外に学内で担当者と会えるように時間を作る
・メールより対面で話をする
・講師控室で直接的にコミュニケーションをとる

メールでのコミュニケーション
・個別に質問された場合でも、他の担当者にとっても必要な情報について
　は担当者全員をCCに含めてメールで回答する
・メールの問い合わせには迅速に対応する

その他のコミュニケーション
・コミュニケーションボードを使用して、他の担当者とのコミュニケーシ
　ョンを促す
・科目に関する手引書（Teacher Guides）を作成しておく
・連絡を取り、以前に該当科目の担当経験があるかどうかを確認する

営や会議でのスムーズな進行につながると認識されているからでしょう。筆者
もPhoneticsのリエゾンとして、科目担当者をPhoneticsチームと捉え、休み
時間に直接話をする機会をもつなど積極的なかかわりを持つようにしています。
実際には科目とは関係のない話をすることも多いのですが、それが逆に良い人
間関係の構築に役立っているのではと考えます。リエゾンの回答から、特に対
人関係については気を配っていることがわかりました。

構造化の手腕＝交通整理
　構造化の手腕とは、いわば交通整理のようなイメージで考えてみましょう。

第1章　英語教育を支える「リエゾン制度」

何か新しいことを始める時、さまざまな問題が浮上する時、意見の食い違いが
ある時、意見が積極的に出ない時など、リエゾンが色々な方法で良い方向に向
かうように交通整理を行う必要があります。そのような場合、リエゾンとして
どのような工夫や心構えで取り組んでいるのかを Q7「方向性や方針を示す際、
気を付けていることがあれば書いて下さい」と尋ね、自由記述で回答を求めま
した。

　表5の回答例をみると、それぞれの科目の特徴を反映し、科目担当者に求め
られることにもバリエーションがあることが明らかとなりました。授業レベル
の回答としては、授業での教え方、授業目標に合った授業内容であるのか、評
価や課題の分量などについて科目間で差が出ていないかどうかをリエゾンとし
てしっかり把握する点が挙げられています。人レベル（人を中心とした視点）
での回答では、情報の伝え方について、情報の重要度を判別して伝えることや
個人的な伝え方にならないようにするといった回答がありました。特にメール
連絡は気軽に送れるがゆえにメールの数が多くなりがちですが、伝える事項の
重要度を判断して伝えたり、一個人というよりリエゾンという立場からの発信
であることに注意をする、といったことが挙げられました。また、昨今では授
業に ICT の導入が当たり前となり、タブレット端末や大学が使用する学習管
理システム（LMS =Learning Management System）、インターネット上のアプ
リなどを使いこなすことが求められます。教員間でも ICT への理解や使用に
関しては差があるため、リエゾンはそういった状況についても把握することが
必要だと指摘しています。

　一方、科目運営上の交通整理をするにあたり、想定される状況について尋ね
ました。Q8-1 では「これまでにリエゾンから何か新しい事項や変更を提案し
たことがありますか」と尋ね、ある場合は Q8-2 で「Yes の場合、新しいこと
や変更を提案した際に特に気を付けたこと、工夫したことがあれば具体例を挙
げて書いて下さい。」とし、自由記述で回答を求めました。表6は、回答とし
て挙げられた科目ごとの新しい提案や議題の例を示し、補足説明がある場合は
矢印の後に回答からの引用を示しました。授業で使用する教材、試験、評価
についての提案が主な例として挙げられており、リエゾンからの提案としては
授業に関する事項が中心となることが確認できます。時勢を反映している提案

31

表5　方向性や方針を示す際の注意点についての回答例（Q7より）

授業レベル
・それぞれのクラスに合わせて、授業内での教え方の自由度を保つ
・科目に必要なコンテンツを科目の目標に合わせて使用できているかどうかを確認する
・シラバスチェックが大切（目標と合致しているか、同じ分量の課題が出されているか）
・評価基準に合っているかどうか

人レベル
・本当に重要なことを伝える（伝えるべき事項の重要度を考える）
・個人的にならないようにする
・多くの授業担当者の意見を聞くようにする
・学生からのリクエストや不満などはリエゾンと共有することが必要
・質問があればリエゾンに尋ねるように促す

ICT関連
・Google classroom を使用する際、リエゾンも加えてモニターできるようにする
・特に ICT のスキルが必要な科目では、担当教員の ICT への理解度をリエゾンが把握しておく必要がある

の例として、Writing における ChatGPT の使用についての事案がありました。全員がハッピーな結論には至らなかったと回答されており、引き続き審議事項であるものも含まれています。また、ウェブ上で公開する学生向けの教材の作成（World News）や共通テストの実施（Integrated Studies）については新しく導入した事項であり、リエゾンが中心となって進められた提案でした。新規事項はすんなりと受け入れられることもありますが、変化を伴う提案については

32

表6　新しい提案の例（Q8より）

World News
・授業に使用するトピックの提案
・教材を Web上で公開する（科目専用のウェブページの作成）

Writing
・ChatGPT の使用や扱いに関する提案　→　全員がハッピーな結論には
　ならなかった
・再履修クラスの設定について　→　設定は必要だが、提案として支持さ
　れなかった
・ライティング・センターの設置　→　準備はリエゾンが行った

Discussion
・学期末試験（Final exam）の形式の変更

Grammar
・教科書の変更　→　全員の承諾を得た

Theme Studies / Topic Studies*
・評価の変更（学習レベルに応じて）

Integrated Studies*
・共通テスト（Unified exam）の実施

反対意見が出ることもあり、構造化の手腕が試される場面も多いと考えられます。

　構造化の手腕を科目運営上の交通整理と捉え、そこにかかわるリエゾンの取り組みについて調査した結果、科目ごとにさまざまなケースがあることがわかりました。科目を運営する上で、リエゾンは主に授業、人、ICT の観点からのアプローチを意識しており、新しい提案については、授業内容、教材、評価に関するものが中心となっています。特に ICT 関連では、今後も ChatGPT のような生成 AI の使用については、ライティング科目だけでなく、他の科目にも及ぶことは必至であり、今後リエゾンが取り上げる事項としては避けられないでしょう。色々な事案についての構造化（＝交通整理）は、回答結果からリエゾンが苦労をしている点であることがわかりました。

合意形成の手腕

　何らかの話し合いの結果、うまく話がまとまらなかった経験は誰しもあるでしょう。科目に関連した何らかの事項について決定しなければならない場合、リエゾンとしてどのように対処しているのでしょうか。Q9-1 では「これまでに科目担当者たちとの話し合いで意見がまとまらなかったことはありますか」と問い、Q9-2 で「Yes の場合、その時の対処法など具体例を挙げて書いて下さい。」として回答を求めました。

　図3は、話し合いがまとまらなかった経験について聞いた結果では、Yes と No の回答の割合は約半々でした（Yes：5名、No：6名）。Yes の場合はさらに具体的な説明を求めましたが、ほとんどの回答から詳しい状況説明は得られませんでした。少ない回答数の中から2件の例を挙げると、意見がまとまらなかった場合の対処法としては、英語教育委員会に議題として問題を持ち込む、という回答がありました。英語教育委員会とは英語教員が属する学内の委員会ですが、科目レベルで解決しない事案に関してはもう少し大きい枠組みである委員会などで話し合うという方法もあります。リエゾンとしては科目の担当者チーム内で解決しようと考えがちですが、問題を共有できる場として委員会レベルでの検討も時には有効であると考えます。また、別の例としては、学生からのクレームに対処する事案が挙げられていました。この点については、授業担当者と事務局で対応しようとした結果、リエゾンが状況を把握しないところ

第1章　英語教育を支える「リエゾン制度」

図3　話し合いで意見がまとまらなかったことはありますか（Q9より）

で話が進むこととなり、対応が遅れてしまったという事案です。これら以外にも意見がまとまらない状況はあったと推測しますが、リエゾンにとってもあまり良い経験ではなかったからか詳しい説明が書かれておらず、具体的な状況を知ることはできませんでした。

5.3. ファシリテーターとしてのリエゾンの捉え方

　リエゾンを担当科目のファシリテーターとして捉えた時、その役割を果たしているかどうか、またリエゾンとして全般的に心掛けていることや難しさなどについて自由記述で回答し、リエゾンとして果たした役割についての自己満足度を5段階で表すように求めました。

　まず、Q13「リエゾンはコースのファシリテーターとして機能していますか。そう考える理由を説明して下さい。」の問いに対しては、「機能している」と肯定したのは5名、「必要である」「そうあるべき」という回答は2名でした。一方、「リエゾンの介入なしに機能している」という回答（1名）もありました。ファシリテーターとして機能している点については、主に教材や授業中に行うプロジェクト、アクティビティなどの内容や方法についてアドバイスをするといった授業の手助けをしているという理由が挙げられており、「（同じ科目間で）一貫性を保つことが大切であり、リエゾンは監督者（overseer）として必要である」という回答もありました。それに対して TS（Topic Studies/Theme

35

Studies）のような科目では、各教員がさまざまな Topic を扱っており、扱う教材が統一されていないため、授業内容をしっかり把握するのが難しく、ファシリテーターとして機能するのは容易ではないという回答もありました。

　次に Q11「リエゾンとして特に気を付けていることは何ですか。」の問いに対しては、表7のような点が挙げられました。大きく分けると、授業に関するケアと人に対するケアとなり、授業関係では、同じ科目間で不平等にならないよう、示されたカリキュラムに準じているか、教材の質のチェックなどが中心でした。人に関するケアについては、教員がスムーズに授業を行うためのサポートやリエゾンとして配慮できること（新規に科目を担当する教員のケアや色々と設定される締め切りのタイミングなど）が主でした。

　Q12「リエゾンを務めていて難しいと思うことは何ですか」という問いに対

表7　リエゾンとして気を付けていること

授業に関するケア
・授業内容がカリキュラムに沿っているかを確認する
・クラスごとに差が出ないように大枠を示す、クラス間の平等性を保つ
・教材がクラスごとに違う場合、使用する教材の質（扱う題材や語彙レベルなど）を確認する

人に関するケア
・教員が教材や進め方を十分理解しているか確認する
・授業が上手く進んでいるかを確認する
・教員が教える上で必要なサポートを受けているかどうかを確認する
・担当教員とコミュニケーションをとる
・（リエゾンとして）質問に答える、明確な指示や期待を伝える、早めに準備をする
・新しく担当する教員に対するケア（科目の情報共有をするなど）
・さまざまな「締め切り」の設定に関して気を付ける

第1章　英語教育を支える「リエゾン制度」

表8　リエゾンを務めていて難しいと感じること

授業に関して
・毎年新しい教材作成が必要な科目は、教材準備に膨大な時間を費やすこと
・実際に自分が担当したことのない科目についてのリエゾン業務
・担当者がどの程度忠実に授業内容、評価基準に従っているかの確認が難しい
・横並びで関連のある科目（IR と ID と IW）の連携

人に関して
・コミュニケーションの方法（メールでは意図が伝わりにくく、対面がベスト）
・（色々な事項に関して）全員がハッピーだと感じるのは困難
・異なった意見の集約、皆が意見を言える状況をつくること
・会議を開く上で非常勤教員が多い場合は、気が引ける
・一緒に働きにくい人もいる

しても、表8で示すように、授業と人の2つの視点から見てみましょう。まず、授業に関しては、教材作成に要する時間の問題、また横並びで関連のある科目間での連携、そして実際のところ他の授業担当者の授業がどのように行われているのかを把握するのが難しい、といった回答が中心でした。世界のニュースがトピックとなっているような科目（World News）については、時事問題を扱うがゆえに常に新しい教材が必要となります。そのため、同じ教材を使い続けられる科目と比べると、担当者の教材への準備時間は物理的に多くなります。それを統括するリエゾンにとっても時間的に困難さを感じることが推測できます。また、他の担当者の授業については、頻繁に見学するなどの機会を持たない限りは、やはり担当者に任せる形となり、本当にリエゾンが把握しているのかと言われると、難しい面もあります。人に関する困難な点として挙げられた

のは、人間関係の構築やコミュニケーションについてです。メール連絡でこちらの意図とは違った受け止められ方をした経験は誰しもあるのではないでしょうか。リエゾン業務でも、メールは主な連絡ツールであり、科目担当者全体に連絡する場合、個別に書く場合、言葉の使い方や言い回しなどに注意を払いながら文面を考えなければなりません。また、話し合いなどで合意が得られなかったり揉め事に発展する場合もあり、人間関係に悩むリエゾンもいます。人と人との関係の構築は、あらゆる場面でかかわりがあり、リエゾンという立場としても悩みの中心になると考えられます。

　最後に、Q14 は「リエゾンとして果たした役割について、5 段階で自己満足度を示してください」という問いで、1：Highly dissatisfied（満足度はかなり低い）から 5：Highly Satisfied（満足度はかなり高い）の 5 段階で回答を求めました。自己評価の結果については、11 名の平均は 3.6 となりました（回答の分布は、5：2 名、4：4 名、3：4 名、2：1 名）。年度によって、担当メンバーによって、状況はダイナミックに変化するため、リエゾンの業務も毎年同じというわけにはいきません。自己評価の平均が 3.6 という結果から、比較的肯定的な評価を示していますが、リエゾンを務めるにあたり、難しさや大変さ、ファシリテーターとしての役割を十分に果たせているのか、といった自らへの問いかけが感じられます。

6．おわりに

　本章では、ファシリテーションの観点から本学の英語教育におけるリエゾンの役割について考察しました。他大学にも存在する大学の科目コーディネーターという役割を担う教員を本学ではリエゾンと呼び、長年のあいだ科目の世話役として科目運営に関するさまざまな業務に取り組んでいます。リエゾンがファシリテーターとして機能しているのか、役割を果たしているのかという点については、ファシリテーションの 4 つの手腕をベースにリエゾンの業務に当てはめて意識調査を実施しました。リエゾン業務は概ね好意的に受け止められ、科目運営には必要な存在だとリエゾン自身も認識していることが示され、場のデザインや対人関係に関しては意識的に取り組んでいる様子が窺えました。一

方、合意形成や対人関係においてはうまく機能している面もありますが、苦労している様子なども明らかとなりました。

　リエゾンの業務は大学の科目と紐づいていることから、1年単位でリセットされ、科目を担当する教員メンバーも入れ替わりがあります。とはいえ、毎回ゼロからスタートするわけではなく、前年度の失敗や成功からの積み重ねがあり、その積み重ねから学んだことを生かすことができます。本学でリエゾンを務めた教員たちの経験の積み重ねが、ファシリテーターとしてのリエゾンを成長させ、英語教育の一助となっていると言えるのではないでしょうか。また、リエゾンがファシリテーターとして科目を効果的に運営することは、最終的にはその科目を受講する学生たちにも影響を与えることから、今後もリエゾンの役割について注視しつつ、その意義をさらに考えていきたいと思います。

注

1）　本学では、科目ベースに配置するリエゾンの他、専攻やコースごとにも設けられている。例えば、国際協力、WGL（= Women's Global Leadership）、コミュニケーション、韓国語といった専攻やFoundationコース（1年次のdクラスが所属）、教職課程のリエゾンも存在するが、本章では科目ベースに置かれているリエゾンに絞って論じる。

引用文献

大阪女学院大学・大阪女学院短期大学（2023）「世界の中の「わたし」として学ぶ」『大学案内2024別冊カリキュラムBook』

近藤伸彦（2010）「初年次必修科目「情報活用」授業運営モデルの組織的な開発と実施」『大手前大学CELL教育論集』2, 31-34.

札幌医科大学医学部（2007）「札幌医科大学医学部の教育課程、授業科目履修方法、試験及び進級取扱いに関する規程」（平成19年4月1日規程第97号）

中谷博幸・斉藤和也・品川大輔・三宅岳史・佐藤慶太・山田俊介・室井研二（2013）「学問基礎科目の充実と共通教育コーディネーターの役割」『香川大学教育研究』10, 63-76.

中野民夫（2017）『学び合う場のつくり方──本当の学びへのファシリテーション』岩波書店

中野民夫・三田地真実編（2016）『ファシリテーションで大学が変わる──アクティブ・ラーニングにいのちを吹き込むには（大学編）』ナカニシヤ出版

日本ファシリテーション協会「ファシリテーションとは」https://www.faj.or.jp/facilitation/

ネットワーク編集委員会編（2023）『教室の中の多様性とファシリテーション（授業づくりネットワークNo.44)』学事出版

ベネッセ（2009秋号）「実践！初年次教育講座　第3回　独立するプログラムの有機的な結合　Case Study　大阪女学院」Between, 231, 30-31. https://berd.benesse.jp/berd/center/open/dai/between/2009/10/04jissen_01.html)（2024年3月29日）

堀公俊（2018）『ファシリテーション入門』〈第2版〉日経文庫

California State University, Fullerton, USA. (2022) *Subject Area Coordinator* (*SAC*) *job*. description. https://ed.fullerton.edu/seced/sscphandbook/roles-responsibilities/subject-area-coordinators.php

La Trobe University, Melborn, Australia. (2024) *Course and subject coordinators*. https://www.latrobe.edu.au/staff/work-at-latrobe/teaching-support/course-and-subject-coordinators

資料1

Survey for English liaisons

Liaisons of English courses

The purpose of this survey is to investigate the role of liaisons in the English language program (curriculum) at Osaka Jogakuin University and Junior College from the perspective of facilitation research. We would like to hear your opinions on how liaisons function as facilitators in your courses.

Please note that this survey is targeted at teachers who are liaisons for the 2023 academic year, but please include their experiences from the 2022 academic year as well.

　本調査の目的は、ファシリテーション研究の観点より、大阪女学院大学・短期大学の英語プログラム（カリキュラム）におけるリエゾンの役割を調査するものです。リエゾンが科目（コース）においてファシリテーターとしてどのように機能しているか、皆さんのご意見をお聞かせください。

　なお、対象は2023年度のリエゾンの先生方を対象に実施していますが、2022年度からの経験も含めてご回答下さい。

Q1　For how many years have you served as a liaison in which subject area?

Note: Please count the current fiscal year (FY2023) as one year.

e.g.) If you have been a Phonetics liaison since FY2022, answer "2 years of Phonetics".

Q1　どの科目のリエゾンを何年間務めていますか。今年度（2023年度）を1年としてカウントして下さい。

例）2022年度からPhoneticsのリエゾンを務める場合、「Phoneticsを2年

間」と回答。

Q2 On a scale of 1 to 5, please respond to the following statement about liaisons（course facilitators）

Q2 リエゾン（コースのファシリテーター）について書かれた以下の文について、5段階で回答して下さい。

	5	4	3	2	1
	(Strongly agree)				(Strongly disagree)

Liaison is necessary for the course. ○ ○ ○ ○ ○
／ リエゾンはこの科目に必要だ。

I like working as a liaison. ○ ○ ○ ○ ○
／ リエゾンの仕事は好きだ。

Working as a liaison is tough. ○ ○ ○ ○ ○
／ リエゾンの仕事は大変だ。

Working as a liaison is time consuming. ○ ○ ○ ○ ○
／ リエゾンの仕事は時間がかかる。

Working as a liaison is challenging. ○ ○ ○ ○ ○
／ リエゾンの仕事はやりがいがある。

Q3-1 Do you hold in-person or online meetings for subject teachers?
Q3-1 科目担当者を対象とした対面またはオンライン会議を開いていますか。
○ Yes
○ No

Q3-2 If Yes, how often do you hold meetings?
ex）Once per semester（online）

Q3-2 Yes の場合、どれくらいの頻度で会議を開いていますか。

例）学期に一回、オンラインで。

回答を入力 _____

Q4-1 Do you communicate regularly with all course instructors via email?

Q4-1 科目担当者全員に対し、メールによる定期的な連絡を行っていますか。

○ Yes

○ No

Q4-2 If Yes, how often do you send email?

ex）Once per semester

Q4-2 Yes の場合、どれくらいの頻度でメールを送りますか。

例）学期に一回

回答を入力 _____

Q5 As a liaison（facilitator of the course）, I was able to communicate with the course instructors at the appropriate time.

Q5 リエゾン（コースのファシリテーター）として、科目担当者との連絡を適切なタイミングでとることができた。

	1	2	3	4	5	
Never	○	○	○	○	○	Usually

Q6 As a liaison, please write down any issues you are aware of in terms of time allocation, deadlines, timing of communication, etc.
Q6 リエゾンとして時間配分、締め切り、連絡のタイミングなどで気を付けていることがあれば書いて下さい。

回答を入力 _____

Q7 Please describe any points you keep in mind when giving directions and policies.
Q7 方向性や方針を示す際、気を付けていることがあれば書いて下さい。

回答を入力 _____

Q8-1 Has the liaison ever proposed any new matters or changes?
Q8-1 これまでにリエゾンから何か新しい事項や変更を提案したことがありますか。
○ Yes
○ No

Q8-2 If Yes, please describe any special care or ingenuity you took in proposing something new or changes, with specific examples.
Q8-2 Yes の場合、新しいことや変更を提案した際に特に気を付けたこと、工夫したことがあれば具体例を挙げて書いて下さい。

回答を入力 _____

第 1 章　英語教育を支える「リエゾン制度」

Q9-1 Have you ever had a disagreement with the subject teachers?
Q9-1 これまでに科目担当者たちとの話し合いで意見がまとまらなかった
ことはありますか。
○ Yes
○ No

Q9-2 If Yes, please write with specific examples of how you would
handle the situation.
Q9-2 Yes の場合、その時の対処法など具体例を挙げて書いて下さい。

回答を入力　＿＿＿＿＿＿＿＿＿＿＿＿＿＿＿＿＿＿＿＿＿＿＿＿＿

Q10 Please describe any efforts you have made to facilitate
communication among subject teachers or/and between each teacher
and liaison.
Q10 科目担当者間や担当者とリエゾンとのコミュニケーションを円滑に
するための工夫があれば、書いて下さい。

回答を入力　＿＿＿＿＿＿＿＿＿＿＿＿＿＿＿＿＿＿＿＿＿＿＿＿＿

Q11 What do you pay special attention to as a liaison?
Q11 リエゾンとして特に気を付けていることは何ですか。

回答を入力　＿＿＿＿＿＿＿＿＿＿＿＿＿＿＿＿＿＿＿＿＿＿＿＿＿

Q12 What do you find difficult about serving as a liaison?

45

Q12 リエゾンを務めていて難しいと思うことは何ですか。

回答を入力 _____

Q13 Does the liaison function as a facilitator for the course? Please explain why you think so.
Q13 リエゾンはコースのファシリテーターとして機能していますか。そう考える理由を説明して下さい。

回答を入力 _____

Q14 Finally, please express your self-satisfaction with the role you played as a liaison on a five-point scale.
Q14 最後に、リエゾンとして果たした役割について、5段階で自己満足度を示してください。

	1	2	3	4	5	
Highly dissatisfied	○	○	○	○	○	Highly satisfied

This is the end of the survey.
Thank you for your kind cooperation!

Tomomi Otsuka

第2章

ICTを活用した英語教育における
「ファシリテーター」の役割

山本 淳子

1. はじめに

　本章では、大阪女学院大学が三本柱とするキリスト教教育・人権教育・英語教育の中の「英語教育」に関し、情報通信技術（Information and Communication Technology, ICT）を活用するファシリテーター（英語教員）の取り組みを紹介します。

　時代のニーズに合わせるために、日本の英語教育は改革を求められています。特に、2017年（高校は2018年）の指導要領改訂を機に、中学・高校では新出単語が増え、2021年度からは中学校でも英語の授業は英語で行われるようになりました。また、新指導要領では、学力の要素3本柱として「知識・技能」「思考力・判断力・表現力」「主体的に学習に取り組む態度」を育てることを明記しています。教員はこれらを多面的・総合的に評価することが求められています。これにより、教員が一方的に知識を集中的に伝授する手法に代わって、学習者がペアやグループでの議論を通じて協調的に学ぶ学習がより一般的になっ

ています。この協調的な学びに役立つツールの1つがICTで、特に英語教育に有効であると言えます。

　インターネットは学習者が世界の興味深い情報を発見するのに役立ち、学習支援システム（Learning Management System, LMS）は非同期・同期のコミュニケーションを提供し、テキストや視聴覚教材を幅広くサポートすることができます（Stockwell, 2012）。日本では2000年の高度情報通信ネットワーク社会形成基本法の成立（総務省、2015年）を受けて、さまざまな教育現場でeラーニングが推奨されています。2021年4月には「GIGAスクール構想」[1]の初年度が本格的にスタートし、小中学校では児童生徒1人1台のデバイスを提供し、高速インターネット回線が確保されるようになりました。この普及により遠隔教育や教育用デジタルコンテンツの利用範囲が拡大し、教育用アプリを用いたモバイルラーニング、英語教育のユビキタス化（コンピュータやネットワークが、いつでも場所を選ばずに利用できる状態）が進んでいます。さらにはAI（Artificial Intelligence）の活用により、コミュニケーションのあり方が変化し、その対応が求められています。テクノロジーの発展と比例するように、学ぶことは複雑になり負担も増えますが、新しい技術を学ぶことで得られる充実感が大きくなることは間違いありません。本学においても、2020年以降コロナ禍を境に教職員が一丸となり遠隔授業に必要な技術を身につけ、対面における場合と同等の教育実践を行ってまいりました。

　どんなにICTが整っていたとしても教育実践において最も重要な存在は教員であることに疑いはなく、英語教育も例外ではありません。2021年、中央教育審議会はSociety 5.0時代[2]における教師に求められる資質・能力の1つとしてファシリテーション能力を挙げました。英語教育においても「ファシリテーター」の役割が英語教員に求められています。Richards & Rodgers (2001) は、その著書[3]の中で「教員は知識を伝授する専門家というよりも学びのコミュニティーにおけるファシリテーターであり積極的な参加者でもある」(p. 110)「ファシリテーターとして教員はクラスを動き回り、生徒やグループを助ける役割がある」(p. 199) などと述べています。Society 5.0時代で、英語教員はどのようなファシリテーションができるでしょうか。

　今、ポストコロナの時代に、整備された通信環境を最大限に生かして、学

習者が主体的に知識を習得できるような教育実践を行いたいと願っています。この章では英語教育における ICT の位置づけについて説明したあと（第1節）、第2節では、ICT のファシリテータとしての理論的背景と実際のファシリテーションを紹介します。第3節ではコロナ禍を経て ICT環境が整備された今こそ推進すべきファシリテーションのあり方について考えます。最後にこれからの時代に応えるためにファシリテーターとして私たちが解決しなくてはならない課題とこれからの展望についてまとめます。

2．ICT を活用する教員の役割
──モニターからファシリテーターへ

　英語教員は、時代に合わせたテクノロジーを使いこなしてきました。カセットテープレコーダーや録音機から始まり、オーバーヘッドプロジェクター、テレビ、映画、ビデオといったメディアを用いた実践を経て、1960年に入りコンピュータが教育現場に普及するようになりました。この頃からコンピュータ支援言語学習（Computer-Assisted Language Learning, CALL）が一般的になっていきました。米国をはじめとする海外で発達した CALL は、1960年代から1970年代にかけて日本の外国語教育に影響を与え始めました（JACET SLA研究会、2005）。実践的な CALL は 1985年頃から始まりました（町田他、2001）。

　私は、1990年代半ばに大学院の修士課程で、急速に普及し始めたインターネットが英語教育にもたらす効果に注目しました。インターネットを利用することで、一人ひとりの進度、習熟度、そして興味に応じた多読が可能になることに着目し、そのテーマで修士論文を書きました。その中に「インターネットは、（中略）効果的なトップダウン・リーディングのために必要な量と質が充実した英語教材を提供する」と、今では当たり前の記述がありますが、当時は画期的でした。それから30年が過ぎた今、静的で、情報の流れが一方通行であった Web 1.0 から、ソーシャルメディアなどによる画像、動画などを介して情報を発信したり、交流したりする双方向的な Web 2.0 が熱を帯びるようになりました（Kannan & Munday, 2018, p.15）さらに、コンピュータとマルチメディアを備えた CALL教室が設置されていきます。

やがて教室には高速・大容量の LAN（Local Area Network）が敷設され、インターネットや電子メールを使った授業が行われるようになり、ユビキタスCALL、つまりいつでもどこでも存在する CALL という概念が定着していきました。なお、ICT は、すべての情報通信技術を指し、CALL の上位概念になります。

Bax（2003）は、CALL の内容、使用方法、使用された時代によって CALLを 3 つのアプローチに分けました（表1）。彼によると CALL は、内容、使用方法、使用された時代によって、1960年代から1980年代までの Restricted（制限された）CALL、1980年代から2000年までの Open（開かれた）CALL、そしてそれ以降の Integrated（統合的）CALL と、3 段階のアプローチに分けられています。とくに1990年代にはインターネットが発達し始め、2000年代に入ると語学教育は飛躍的な進化を遂げました。そしてその都度、教員の役割は変わっていきました。表1で注目していただきたいのは、2000年以降の Integrated（統合的）CALL における教員の役割です。それまでは特別に用意された CALL教室で、学習者がコンピュータに向かって学ぶことを進行させるモニター・進行役から、コンピュータを媒介したコミュニケーション（Computer Mediated Communication, CMC[4]）の活性化を担うファシリテーターに変化していったのです。学ぶ場所も CALL教室ではなく、インターネットさえあればどこでも可能な、CALL の「ノーマライゼーション」が推進されていきます。

このノーマライゼーションの概念を大阪女学院大学はいち早く定着させました。日本において最初に全学生に iPad を配付し、教育実践のツールとして活用させています（Swenson, et al., 2013）。ここから本学では ICT を生かしたコンテンツベース[5] の教育アプローチが本格化してまいりました。

2.1.PBL におけるファシリテーション

大阪女学院大学では ICT を利用してコンテンツベースの教育アプローチを実践していますが、そのアプローチの中心となるのが問題解決型授業（Project-Based Learning, PBL）の実践です。1、2年次は21世紀における課題を中心に、

50

第2章 ICTを活用した英語教育における「ファシリテーター」の役割

表1 Bax（2003）に基づく Restricted、Open、Integrated CALL の概要

コンテンツ	タスク	学生の活動	フィードバック	教師の役割・態度	授業での位置づけ	コンピュータの物理的な位置
制限された CALL 1960-1980	ドリル、クイズ	テキストの再構成 Yes, No で答えられる質問が中心 他の生徒との交流が少ない	正解／不正解	モニター （CALL に対する）誇張された恐怖や畏怖	CALL授業全体	独立したコンピュータ室
オープン CALL 1980-2000	シミュレーションゲーム CMC（コンピュータを媒介するコミュニケーション）	コンピュータとの対話 他の生徒と交流することもある	言語能力の向上に重点を置き、オープン、柔軟に対応する	モニター／進行役 （CALL に対する）誇張された恐怖や畏怖	CALL授業全体	独立したコンピュータ室、または言語に特化した教室
統合的CALL 2000-	CMC（コンピュータを媒介するコミュニケーション） 電子メール	他の生徒との交流が多い コンピュータによる授業を通して交流がある	解釈、評価、コメント、思考の活性化を促す	ファシリテーター マネージャー 教育の1つの手段	毎回の授業のごく一部	すべての教室、机、場所で

　3、4年次は目指すキャリアに直結する専門課程を PBL で学んでいます。英語による授業は全体の3割を占めており、これが2024年に本学が大学の国際性ランキングで全国3位になった要因の1つです。

　PBL とはどのようなアプローチでしょうか。英語教育においては、1980年代にコミュニカティブ・ランゲージ・ティーチング（Communicative Language Teaching, CLT）が台頭しました。これは教員主導で文法規則を教えることを重視する文法訳読法（Grammar Translation Method, GTM）に対する反動から開発されたアプローチです。CLT においては、学習の目的、手段とも「コミュニケーション」になります。教員の役割は、知識を一方的に伝えるのではなく、ファシリテーターとして、真のコミュニケーションを必要とする課題を提供し、学習者がタスクを遂行する際にアドバイスや励ましを与えたり、学習者

51

とともに活動をしたりして、コミュニケーション能力を伸ばす手助けをします。この CLT をベースにしたアプローチの 1 つが、PBL であるといえます。

　PBL では、与えられた課題、または学習者が見出した課題について調査や研究を行い、協同で解決することを目指します。チームでプロジェクトを立案し、遂行することが多いため、テーマに関する知識とともに協調性や柔軟性、創造性、リーダーシップといったファシリテーションに欠かせないスキルも身につけられます。

　PBL を基本とした言語カリキュラムのために、本学では平和、人権、環境などのトピックに関する英語教材を専任教員が自主開発し、それを電子化して全学生が iPad にインストールします。この教材を本学では e テキストと呼んでいます。e テキストにはトピックに関連した写真、インタラクティブな練習問題、アクティビティが含まれており、英語 4 技能を統合的に学べるよう工夫されています。インターネットからアクセスできる情報については定期的に教員がアップデートしており、学生たちはテーマに関連する情報にストレスなくアクセスすることができます。各教室で AirPlay（同じ Wi-Fi ネットワーク内の AppleTV やスクリーンに、iPhone や iPad の映像や音楽を無線で送り表示すること）ができるので教材の提示もプレゼンテーションもスムーズに行うことができます。

　本学におけるファシリテーターとしての教員の役割は、グループごとのプロジェクトの完成（発表や成果物の共有、レポート提出など）までのさまざまな段階を整理し、課題の分析や解決のために学生が立てた計画に対してアドバイスし、プロジェクトの発展を見守ることです。全員が同じデバイスを持っているため、端末の違いによる操作や表示の違いで混乱が起こることがなく、使い方についても学生同士が教え合うことができます。そのため機器のトラブルで時間をとられることが少なく、教員はグループワークのファシリテーションに集中できます。

　たとえば私の担当する授業で言えば、1 年生の必修英語科目である Integrated Reading というリーディングの授業は PBL で行っています。平和、人権、環境、アイデンティティという 4 つのテーマ（春学期に 2 テーマ、秋学期に 2 テーマ）を学習します。毎回、グループ活動を取り入れ、読んだ内容や課

題の内容についてのディスカッションを行った後、グループで意見をまとめ代表が発表するという流れで進みます。

　本格的な PBL は各学期に 2 回ずつ行うプレゼンテーションで展開されます。2023年度の春学期は、XReading（大学で採用しているオンラインで多読を促すデジタルリーダー）で読んだ本の中でもクラスメイトに特に推薦したいストーリーについて、重要な異文化や背景知識などを調べて発表することが 1 回目、平和に寄与した（している）著名人についての発表が 2 回目の課題でした。

　秋学期は、1 回目は人権問題について、2 回目は自分の過去における価値観と今の価値観の違いをクイズ形式にして発表させました。いずれの場合もプレゼンテーションソフトを使って、わかりやすい視聴覚資料を用意するよう指導しました。

　発表準備においては、全体のディスカッションをまとめるファシリテーター役の他、メモを主にとるライター、内容をまとめて発表するプレゼンターを決めます。私は全体のファシリテーターとして、各グループを見回り、適宜アドバイスしたりアイデアが出やすくなるようなヒントを提供します。学生によってはファシリテーターとしての役割がなかなか果たせず、メンバーが皆黙々と作業するという場面も見受けられます。そんな時にはその学生に「こんなことをみんなに聞いてみよう」「○○さんがよいアイデアを持っているかもしれない」といった助言をします。それでもうまくいかないことはありますが、これもその学生の経験だと捉え無理にリーダーシップをとらせることはありません。

　実際、経験値が高まると、年度の後半に差し掛かる頃には全体的にファシリテーションは活発になり、プレゼンテーション後に、学生同士が互いに批評し合うピアフィードバックの内容も詳細になる傾向があります。今後も、自ら意見を出し合い、認め合えるような雰囲気を醸成していきたいと願っています。

　さて、こういったプレゼンテーションの準備と発表時に iPad は威力を発揮します。インターネットで資料を探したり、話し合いの内容をメモしたりするのにも便利です。ICT に関する私の調査（山本、2020）で iPad についてのメリットとして挙げられた意見で一番多かったのが、コンピュータに比べて持ち運びやすい携帯性、グループメンバーとのデータ共有のしやすさといった利便性でした。また、iPhone を持っている学生はその内容を iPad と同期できるため、

携帯でもタブレットでも PDFファイルを確認したり動画や写真を転送したりすることでどちらを使ってもプレゼンテーションを行えることが大変便利であるという意見が多くの学生から聞かれました。

2.2.学習支援システム（LMS）の活用

本学では主に Google Classroom[6) を学習支援システム（Learning Management System, LMS）として使用しています。各学生の iPad にインストールされているため、上記の PBL をファシリテートする教員の強い味方です。これにより教員は授業を作成・準備、配付したり、学生は、コンピュータや iPad でいつでもどこでもアクセスすることができます。また、両者とも課題の状況や進捗状況を一目で確認することや、学びの記録を蓄積することができます。さらに各チームのプロジェクトの進み具合に応じて適宜、グループ全体、または一人ひとりにアドバイスすることが可能です。たとえば全員がプロジェクトの完遂のために貢献しているかを確認したり、消極的な態度の学生がいた場合に声かけをするといったこともできます。LMS は可視化に優れているため学習者の進度に応じて、即座にフィードバックを行うことができます。文字だけでなく、音声や動画、それらを組み合わせたさまざまな形態も選べます。このように従来の学習環境では実現が困難であったフィードバックも LMS が可能にしたと言えます。また、教材が長期間保存でき、すぐに取り出せ、いつでも他の教員や学生と共有ができることも大きな利点であると言えます。ペーパーレス時代にこの点は重要であると思います。また、教員から各学生や各グループへのフィードバックを頻繁に行えるのは小規模大学の大きな強みであると言えるでしょう。

2.3.CMC（コンピュータを媒介するコミュニケーション）におけるファシリテーション

Warschauer（1997）は、前述のコンピュータを媒介したコミュニケーション（CMC）の利点について、1）マルチモーダル（複数種類のデータを入力

し、統合的に処理する手法）な練習とフィードバック、2) 大規模クラスでの個別化、3) ペアや小グループでの共同プロジェクト、4) 楽しさ、5) 利用できるリソースや学習スタイルの多様性、6) 大量の言語データによる探索的学習、7) コンピュータを使った現実に即したスキルの習得、の7点を挙げています。Tafazoli and Golshan（2014）は、コンピュータを利用した語学学習のメリットとして、マルチメディアによる学習者の参加能力、異文化理解、より大きな相互作用と動機付け効果などを挙げています。

　本学で教員がファシリテートする CMC について紹介します。COVID-19 が発生する以前は、国際交流における CMC の主な役割は、交流のための準備として、オンラインでのリスニングやスピーキング練習など、学生の円滑な交流や留学を支援することでした（Garrett, 2009）。本学ではもともとオンラインによる国際交流は行われていましたが、COVID-19 の蔓延により2020年度以降、世界中で対面による留学プログラムが中止される中、それらを補う目的で多数のオンライン国際交流が繰り広げられるようになりました。

　2024年現在、ほぼすべてのプログラムが復活しましたが、オンライン交流のスタイルは、費用面、治安の面でのメリットが大きく、経済的かつ効果的な国際交流として存続させていく方針が本学でも示されています。ただしその場合、いかに教員が交流をファシリテートするかということが成功につながる大きなカギとなります。

　大阪女学院大学は2020年度にアラブの若者との交流、パレスチナの大学生との交流、2021年度には台湾の姉妹校の学生と国際文化交流を行いました。使用された ICT は、オンラインビデオ会議プラットフォームの「Zoom」とビデオディスカッション・ビデオ共有アプリケーションの「Flipgrid」です。

　参加学生のアンケートやインタビューの結果はおおむね好意的で「先生はとても協力的で、実際のプログラムの前に何度も集まり、対話の準備をしっかりできるように課題を出してくれました」「先生のおかげで私たちは自分の考えを整理することができました。」（大学3年生、アラブの若者との交流参加）という声からも教員のファシリテーターとしての介入が有効であることがわかります（Yamamoto, 2022）。

　私は台湾の大学生との English Cultural Exchange（英語を介した海外との文

化交流）のファシリテーターを担当しました。この交流はオンラインでしたが、もともと本学と長榮大學Chang Jung Christian University（CJCU）との間で、毎年交互に互いの国を訪れ対面による文化交流を行っていました。2021年度はCOVID-19によるパンデミックのため、本学がホスト国となりオンラインで3日間の交流を行いました。

　この交流に際してはZoomとFlipgridを利用したのですが、学生が主体的に交流するためのツールとしてFlipgridは特に有効でした。これを使って自己紹介ビデオやプロジェクト（文化紹介）ビデオをアップロードし、それらに対して互いにコメントを残したり質問したりすることが可能となり、交流を深めることができました。

　ただし、共通のコミュニケーション言語が互いに外国語である英語であることから、英語教員のファシリテーションが重要なカギとなります。特にZoomでの交流においては、私ともう一人の英語教員で適宜、Zoomのブレイクアウトルーム（参加者をグループ分けして通話する機能）に入り、学生たちが決めた異文化に関するテーマについて、会話が深まるような助言を行う必要がありました。

　反省点としては学生の主体性を頼りにしすぎたということがあります。両国の学生とも、テーマに関する興味や知識があったとしても英語で自由に表現できるわけではありません。19人（日本側9人、台湾側10人）をペアにして交流させた際に、教員のファシリテーションが十分でなく会話がスムーズに進まない場面も見受けられました。教員の数に応じてグループの人数を少なくするなどの調整が必要でした。

　前述した通り、COVID-19の影響とはかかわりなく、以前から授業でオンライン交流は行われています。本学のMunchil非常勤講師は、過去に勤務していたUAEの大学生と本学の学生との交流をファシリテートしました（Johnston & Munchil, 2016, 2021）。互いの授業時間を同期させ、それぞれのシラバスに共通するものを見つけて4年目に授業「Comparative Culture」として成立させました。この交流で得られた収穫として、主に、学生のために文化的・言語的な架け橋を築いたこと、実際に交流することで学生の学習意欲が高まったこと、ファシリテーションは学生主体で行われ、その効果は動機面、学習効果面で期

第2章　ICTを活用した英語教育における「ファシリテーター」の役割

待以上のものであったことなどが学生からのフィードバックから明らかになりました。対面でのコミュニケーションは何物にも代えがたい貴重な体験となるかもしれませんが、Munchil講師が主張する通り、「テクノロジーがあれば、世界中の人々を結びつけ学生たちを惹きつけ、彼らの教育を無料で簡単に、クリック1つでサポートする」ことが可能になるわけです。

　彼らの反省点として2009年に米国の学生が参加した際、時差の関係で全員が都合の良いミーティングの開催が難しかったこと、英語の交流であることから米国の学生が会話を独占した場面があったことを挙げ、"Do more with less"（より少ない人数でやることを充実させる）が望ましいとし、参加者一人ひとりにとって充実したコミュニケーションを展開するためには2か国で行うほうが良かったという結論に至っています。

　また、本学の円城由美子准教授が担当する「Studies in Interpreting & Translation」という授業では、ケニアの知人と本学の学生をインターネットでつないで交流するという取り組みをしています。英語を第二言語として学ぶ者同士で交流させること、異文化の知識の大切さを知ってもらうことがこのプロジェクトの目的です。プロフェクトについての学生へのアンケートからは「相手の目や表情を見ながらコミュニケーションすることが、発音や文法を気にすることよりも大切なことがわかった」「こちらが伝えようとすれば、向こうも必死で聞いてくれる」といったコメントが報告されています。

　今後も各教員の専門や興味・関心を生かして、コミュニケーション能力を高めるCMCを充実させていく計画を立てています。注意点として、上記のCMCにおいては時差、参加者の言語能力を考慮することが求められます。また学生の興味、動機、学習背景を調査、目標を設定し、アンケートなどを通してプロジェクトを設計すること（Akai, 2017）が成功させるためのカギとなるかもしれません。

2.4. ファシリテーションからエンパワーメントへ：より創造的な未来へ

　学生たちは、ICTがファシリテーションにもたらす効果をどう受け止めているのでしょうか。ファシリテーションとは「相互作用を使って自分の枠を打

57

ち破る方法」であると定義されています（日本ファシリテーション協会ホームページ）。本学の学生を対象にした研究において（山本、2020）私はファシリテーションの重要性を以下の通り主張しました。

「クラスメートや教員との相互作用を通して ICT の効果を実感しながら、プレゼンテーションや自らの興味・関心に応じた学びを個人で、そして教員や友人とともに進めていた。その能動的な学びが自信につながり、英語学習への意欲につながっていった」

「ICT のスキル不足の問題については教員や友人との相互作用の中で解決した」

学生の声に耳を傾けることで、学生同士、学生と教員との相互作用が教室の中で生まれている様子を確認することができました。

Van Lier（2004）は Web 2.0 の時代には、英語教員も学習者もより大きな創造性を発揮すべきであり、それがエンパワーメントにつながると述べています。ここでのエンパワーメントとは、情報にアクセスする立場から、情報を作成し共有する側に立つことを指します。それには、学習者の強い動機付けと創造性が必要です。教員が学習者の創造性を育み、プロジェクトワークをファシリテートすることが、教員と学生のエンパワーメントと主体性を高めると Ushioda（2011）は述べています。これまでの PBL では、情報にアクセスし、その情報をもとに問題解決を行うことが中心でしたが、これからは、ICT で情報を創造的に発信し共有することが求められていくというわけです。

例えば本学の科目の「Communication & Media」ではグループで英語のウェブサイトを制作するメディア・プロジェクトがコースワークの中心となっています。しかし、その他の通常の英語の授業では、教員主導のプロジェクトが中心です。今後は、教員、学生ともども積極的に自ら情報を作成し共有できるよう、コンピュータリテラシーを磨いていかなくてはならないと実感しています。

技術的な問題として、全学生に iPad を持たせ授業でも使用していることから、学生がコンピュータの使用にタブレットほど慣れていないという現実があります。大学にも授業や自習用にコンピュータは設置されていますがその数は限られています。ICTスキルに関するインタビュー（Yamamoto & Teaman,

2021）で 2 年生の H さんは次のように話しました。「私はパソコンを持って
いないので学校に来ると、自習室のパソコンを使いますがパソコンでのダウ
ンロードや保存の仕方がよくわからないんです。iPad にずっと慣れているの
で、習ってもいつも忘れてしまって、そのたびに誰かに教えてもらわないと
いけない感じです」。また、コンピュータを使い始めると性能面でタブレットは
かなわないと感じるようです。2 年生の N さんは次のように語ります。「PC と
iPad は別次元です。iPad でできることは、携帯電話でもできます。パソコン
がない教室で作業する場合、iPad が必須ですがパソコンがあれば、もっと楽
に作業ができます」。またタブレットのデメリットとして「文章作成に向かな
い」という点が多くの学生から挙げられています。エンパワーメントを進める
ため、そして学生の将来のためにコンピュータを持たせるメリットは大きいと
考えます。

3．COVID-19 によるパンデミックから得たもの

　2020 年に行った質的研究（Yamamoto & Teaman, 2021）では主にコロナ禍に
おける ICT がいかにファシリテーションにつながったかについて検討しまし
た。ほとんどの授業がテレビ会議システムの Google Meet や Zoom で行われ
たことから、研究の中心となったのはそれらのツールによる同時双方向性の効
果でした。しかし手探りの中で始めたオンライン授業で大きな収穫がありまし
た。それは Zoom がもたらした学生同士のファシリテーションです。
　研究対象の学生 4 人は教職課程を選択しており、教育実習に関する情報交換
や勉強会を教育実習前の 2 週間ほど、ほぼ毎日 Zoom で行っていました。同じ
目的を持つ 4 人が、模擬授業を見せ合いフィードバックを交換していたそうで
す。将来、教員としてファシリテーションを行う学生たちが、ICT の力を借
りて互いにその練習をする場を作っていました。この学びのおかげで自信を持
って教育実習や教員採用試験に臨めたと話していました。その他にも授業での
プレゼンテーションの前に、授業外に Zoom で集まり練習や打ち合わせをした
という例もありました（山本、2021）。このような学びを可能にした遠隔会議シ
ステムを、本学の学生同士、また他大学、海外の学生とのファシリテーション

のツールとして英語教育に生かしてまいります。

　もう1つの収穫として、オンライン授業時にはICTの学びにおける教員と学生との教え合いがありました。教員としては、専門分野だけでなく、ICTについても学生の疑問にすぐに答えて、あらゆる操作をスムーズに行えればそれに越したことはありません。しかし新しい技術に関して、時に学生は教員よりも早く習得し、学生の方が機能をうまく使いこなすことがあります。教員と学生に「オンライン授業を充実させたい」という共通の想いがあるため、教員がうまく進められなかったときでも、学生がリーダーシップを発揮して、問題を解決したこともありました。

　2021年以降は教員、学生ともオンライン授業に慣れ、よりスムーズに授業が行われるようになりました。ファシリテーションにつながるブレイクアウトルームの作り方、ホワイトボードの使い方等に慣れ、PBLも対面の時のように進められるようになりました。技術の習得には時間とエネルギーが必要です。しかし冒頭で述べた通り、新しい技術を学ぶことで大きな充実感を得られます。なによりもICTを用いた英語教育実践へのステップアップにつながります。今後もオンラインによる交流のため、そして緊急事態にも備えて、最新テクノロジーを使いこなせるよう、研鑽を続けていかなければなりません。

4．おわりに——持続可能なファシリテーションのために

　大阪女学院大学は変化する学生のレベルや学習スタイルに対応し、その都度、最適の教育を提供してまいりました。さまざまな習熟度レベルに対応するeテキストを開発し、全学生に対してiPadでPBLを実践することもその試みの一環です。ただ、技術革新は、過去に最適であった習慣や伝統からの脱却を余儀なくします。例えば、本学の英語教員で作成していたeテキストのインタラクティブ性を支えていたiBooks Author（電子書籍作成アプリ）は、アップデートの予定はなく提供も停止されています。eテキストで授業を行うことは画期的で成果もあげてまいりました（Swenson, et al., 2013）が、今転換が求められています。

　2.4.で紹介した学生の声にあったようにタブレットでできることは、所持率

が100％に近いスマートフォンでほぼできます。それであればより高度な機能を持つコンピュータを持たせた方が汎用性があります。エクセルやスプレッドシートの操作、統計処理などで、コンピュータしかできないこともあります。タイピングスキルもコンピュータの方が身につけやすいといえます。

　これからは学生が所持するコンピュータを持ち込ませる、Bring Your Own Computer（BYOC）に方針を変えることになるでしょう。しかしそのためには、コンピュータを持ってこさせるような授業展開が教員には求められます。技術革新に合わせたCALLのノーマライゼーションを実現させていかなくてはなりません。言い換えればコンピュータは特別なツールではなく、ペンやノートのように学ぶために当たり前に使う道具であり、これまでのCALL教室のように向かい合って学ぶためのツールとしてだけでなく（もちろんその用途も重要ですが）、普通の教室、あるいは教室外で学びや交流をファシリテートするツールと捉えたらよいでしょう。このツールによっていかに英語の授業をよりコミュニカティブに、効果的にできるのかを考えることが、英語教育を三本柱の1つとする本学が生き残るための重要なポイントとなります。

　インターネット空間ではさまざまなコミュニティが形成され知識の共有が行われています。ソーシャルメディアを活用した学習環境の構築も可能でしょう。PBLと結び付け、世界中の人々と情報や意見の交換をすることができます。こうしたインタラクティブな交流を効率的に行い、学生が自ら情報を発信するエンパワーメントを高めるためにも学生一人ひとりのコンピュータリテラシーを高めていかなくてはなりません。

　しかし、Bax（2003）がコンピュータをペンやノートと例えた「ノーマライゼーション」さえ過去の概念になってしまうかもしれません。私たちは今、AIを教育に応用する時代に生きています（見上他、2011）。2023年4月、本学では生成系AIについて、加藤学長が声明文を発表しました。「AIを自らのアシスタントとして使いこなし、小規模大学だからこそ可能となる人と人との密な対話から「自ら考え、判断する力」を育んだ学生たちは、これからのAIネイティブ社会の中でリーダーシップを発揮できる女性になるものと確信しています」（加藤、2023）と述べ、教育におけるChatGPT（対話型AIサービス）などの生成系AI利用を積極的に推進していくと主張しました。少人数制の大学と

しての利点を最大限に生かしたアクティブ・ラーニングや、ファシリテーションに AI をツールとして活用するということが私たち教職員の共通理解です。

本学の教職員は 2023 年度に数回にわたり、テクノロジーライターの大谷和利氏より生成系 AI の仕組みや教材作成、および授業で AI を活用する際のポイントについて実例を交えた講習を受けました。AI ネイティブといわれる世代の学習者に新たな教育環境を提供するヒントを得ることができました（前田、2024）。

デジタル化が進む教育環境の中で、アナログとの共存をどのように実現していくかも考えていく必要があります。例えばデジタル教科書の導入が増える一方で、ページを手でめくる感触を好んだり、筆記具で書き込みができるといった理由から紙の教科書、紙でのやり取りを望む学生、また、画面上で読むことに困難を感じる学生も存在します（Abdullah & Gibb , 2008; 山本、2020）。他の ICT に対する嗜好性についても、同様のことが推測されます。Hubbard（2005）は、個人差を考慮した学習者優先のアプローチの必要を指摘しています。学習者個人の学習意欲を理解するためには、Ushioda（2009）が提唱する「person-in-context relational view（状況・背景との関係性を重視した見方）」を踏まえ、一人ひとりの学生のニーズに柔軟に対応し、それぞれの深い学びにつながるファシリテーションを行うことが望ましいと考えます。

どんなに AI が活用されたとしても、冒頭で述べた「コンピュータ支援学習において最も重要な存在は教員であることに疑いはない」という信念に揺らぎはありません。21 世紀における英語教育のファシリテーターとして、時代の動きをよく観察しながら本学の学生たちにとって最適な教育実践を提供してまいります。

注
1） GIGA スクール構想とは 1 人 1 台端末と、高速大容量の通信ネットワークを一体的に整備し教育実践と最先端の ICT を組み合わせ教師・児童生徒の力を最大限に引き出す構想としている。GIGA は、Global and Innovation Gateway for All から頭文字をとっている。
2） Society 5.0 時代とは日本政府が実現を目指している、理想的な未来社会のあり

方である。内閣府は Society 5.0 を狩猟社会（Society 1.0）、農耕社会（Society 2.0）、工業社会（Society 3.0）、情報社会（Society 4.0）に続く「経済発展と社会的課題の解決を両立する人間中心の社会」と示している。

3） Approaches and Methods in Language Teaching（3版）。1986年の初版から今日に至るまで各国の大学・大学院で英語教授法についての教科書や参考書として使用されている。

4） CMC とは、CALL の１つの形態で、コンピュータをインタラクティブに使うことにより、人対人、人対コンピュータのコミュニケーションを行うことを指す。CMC には、電子メール、チャット、テキストベースの会議、ビデオ会議、モバイル技術など、同期（SCMC, Synchronized CMC）・非同期（ACMC, Asynchronized CMC) の幅広いコミュニケーション形態が含まれる。１対１の非同期（ACMC）として最も広く利用されているのは電子メールである（Levy & Stockwell, 2006）。

5） コンテンツ中心、または内容中心教授法を指す。メッセージ内容の伝達を重視する。

6） Google Classroom とは Google社が学校向けに開発した、eラーニングのための学習管理システムの１つで、これにより教員と生徒・学生間でファイルを共有したり送信することが可能である。

引用文献

加藤映子（2023）大阪女学院大学・大阪女学院短期大学　ホームページ　News——生成系AI についての学長声明文, 2023年4月21日 https://www.wilmina.ac.jp/2356

JACET SLA 研究会（編）（2005）『文献から見る第二言語習得研究』開拓社

総務省（2015）「高度情報通信ネットワーク社会形成基本法における情報通信政策の動向に関する情報通信白書」
https://www.soumu.go.jp/johotsusintokei/whitepaper/ja/h27/html/nc111240.html.

日本ファシリテーション協会（2024）「ファシリテーションとは」
https://www.faj.or.jp/facilitation/

前田美子（2024）「2023 Wilmina公開講座　生成AI の正体と教育現場への応用——ChatGPT と対峙か協力か」ウキルミナ・ボイス, 第46号 2024年3月1日発行

町田隆哉・山本涼一・渡辺浩行・柳　善和（2001）『新しい世代の英語教育』松柏社

見上晃・西堀ゆり・中野美知子（編）（2011）『英語教育におけるメディア利用——CALL から NBLT まで』大修館書店

山本淳子（2020）「ICT を中心とする英語教育を受けた学生の意識に関する質的研究」.『日本教科教育学会誌』, 43（3）, 35–47.

山本淳子（2021）「大学生が活用する ICT の機能と学習意欲の関係」『英語授業研究学会紀要』, 30, 1-14.

Abdullah, N., & Gibb, F. (2008) Students' attitudes towards e-books in a Scottish higher education institute: Part 1. *Library Review*. 57. 593-605. 10.1108/00242530810899577.

Akai, S. (2017) *Transformative Learning in an Interculturally-Inclusive Online Community*. University of Toronto (Canada).

Bax, S. (2003) CALL - Past, present and future. *System*, 31, 1 https://doi.org/10.1016/S0346-251X（02）00071-4

Garrett, N. (2009) Computer‐assisted language learning trends and issues revisited: Integrating innovation. *The modern language journal*, 93, 719-740.

Hubbard, P. (2005) A review of subject characteristics in CALL research. In Computer Assisted Language Learning (Vol. 18, Issue 5). https://doi.org/10.1080/09588220500442632

Johnston, S., & Munchil, W. (2016) lEvolution of collaborative learning on the web: Japan and UAE. *Journal of Intercultural Communication*, 19, 195-210.

Johnston, S., & Munchil, W. (2021) Online International Collaboration: "It's just a click away". SIETAR Kansai: 2021, June 27th.

Kannan, J., & Munday, P. (2018) New trends in second language learning and teaching through the lens of ICT, networked learning, and artificial intelligence. Circulo de Linguistica Aplicada a La Comunicación, 76. https://doi.org/10.5209/CLAC.62495

Levy, M. & Stockwell, G. (2006) *CALL dimensions: Options and issues in computer assisted language learning*. Lawrence Erlbaum. https://doi.org/10.4324/97802037 08200

Richards, J. C., & Rodgers, T.S. (2001) *Approaches and methods in language teaching*. USA: Cambridge University Press.

Stockwell, G. (2012) Computer-Assisted language learning: Diversity in research and practice. In Computer-Assisted Language Learning: Diversity in Research and Practice. https://doi.org/10.1017/CBO9781139060981

Swenson,T., Bramley, D., & Cornwell, S. (2013) Making interactive eBooks: more than just cutting and pasting. *Journal of Osaka Jogakuin University* , 10, 17–30.

Tafazoli, D., & Golshan, N. (2014). Review of computer-assisted language learning: History, merits & barriers. *International Journal of Language and Linguistics*, 2(4). https://doi.org/https://doi.org/10.11648/j.ijll.s.2014020501.15

Ushioda, E. (2009) A person-in-context relational view of emergent motivation, self and identity. *Motivation, language identity and the L2 self,* 36, 215-228.

Ushioda, E. (2011) Language learning motivation, self and identity: Current theoretical perspectives. *Computer Assisted Language Learning,* 24 (3). https://doi.org/10.1080/09588221.2010.538701

Van Lier, L. (2004) *The Ecology and Semiotics of Language Learning: A Sociocultural Perspective.* Kluwer Academic Publishers, Boston. https://doi.org/10.1007/1-4020-7912-5

Warschauer, M. (1997) Computer-mediated collaborative learning: Theory and practice. *Modern Language Journal,* 81, 470-481.

Yamamoto, J. (2022) A Case Study of EFL Students' motivation toward online exchange programs. *Journal of Osaka Jogakuin University,* 18, 51–72. http://ir-lib.wilmina.ac.jp/dspace/handle/10775/3752

Yamamoto, J., & Teaman, B. (2021) Students' views on ICT for English learning during the pandemic. JALT Postconference Publication, 2020 (1). https://doi.org/10.37546/jaltpcp2020-42

コラム①

学生同士・学生と教員のファシリテーションを促す
Self Access & Study Support Center

山本 淳子

　大阪女学院大学には、Self Access & Study Support Center があり、その英語の頭文字をとって SASSC（サッシーと発音）という愛称で呼ばれています。ここでは利用者が自律的学習者になるための支援を行っています。自由に使えるコンピュータが整備されている他、個人学習、グループ学習のための設備が整っています。このコラムでは、SASSC で指導・運営を主に担当している金専任講師の協力のもと、本学における学習サポートの取り組みについて紹介します。

　SASSC では、大学の開館から閉館まで自主学習できるほか、専任教員から語学中心（英語・韓国語）の学習サポートやアドバイスを受けられます。このほか、月曜日から金曜日の 16:00 から 19:00 まで、土曜日は 13:00 から 16:00 までは 5 人の教員が交代で、英文の書き方やエッセイのまとめ方など、ライティングに特化したサポートを行っています。

　ここで学んだり学習サポートを受けたことがきっかけで、学生同士が新たに知り合いになり、横（同じ学年）だけでなく縦（先輩と後輩）のコミュニティが形成されることが観察されています。

　例えば、わからなかった課題やライティングについてサポートを受けた結果、理解したことを SASSC で学習する他のクラスメートに共有したり、課題で困っている下級生を見かけた上級生が、自分の経験を生かして率先して教えてあげたり、という姿も報告されています。

　さらに SASSC では、大学が毎年実施している英語によるダイアログコンテストやプレゼンテーションコンテストの運営をしており、ディスカッションの授業担当の教員と協力して、学生に出場を促したり練習の場を提供したりしています。特にダイアログコンテストでは、本学が推進している「人権」をテ

ーマに、AからDの習熟度別に学んでいる1年生のクラスの代表4、5人が同じ土俵で練習の成果を競い合います。彼女たちに求められているのは英語力に加え、オリジナルなアイデアとチームワークです。ディスカッションクラス担当の教員やSASSC担当の教員からのアドバイスを受けながら、クラス代表メンバーは学んだ人権問題をより深く掘り下げ、パフォーマンスの内容を考えていきます。ここでも一人ひとりが自分の役割を見出し、仲間同士で気づきや学びを得る学生同士のファシリテーションが実施されています。このようなコンテストでベストを尽くした出場者が自信をつけ、その後の学習により力が入るのはもちろんのこと、観客の学生たちが素晴らしい発表に刺激され、意欲を高めて次年度のコンテストにエントリーするという好循環も生まれています。必修の英語授業は習熟度別に行われていますが、コンテストでは下のレベルの代表チームが上のレベルを抑えて入賞することは珍しくありません。

　もちろんSASSCを利用する誰もが最初からやる気にあふれているわけではありません。ここで刺激を受けてやる気を出す学生や、教員や学生と語り合ったりアドバイスをもらったりする中でやる気を取り戻す学生もいます。その要因として学生と教員との間で生じるファシリテーションの存在が挙げられます。両者の関係が、正規の授業とは異なり学習者とファシリテーターという関係になります。すると、学生は身構えることなく質問でき、教員は教えるというよりも、自律的な学習を支援することに力をいれます。これが動機づけにつながっていると言えるでしょう。こうしてやる気の輪が、学生同士、学生と教員との交流を通して大きく広がっていく現象が起こっています。

　では、SASSCに関する学生たちのコメントの一部を紹介しましょう。
・4年間の学生生活を通してSASSCで声をかけてもらって友人ができた。そこから4年間の一生の友達ができたし、就職まで決めることができた。
・TOEICの点数が伸びず悩んでいたがここで学び方を指導してもらい、400点以上アップした。担当の先生が勉強だけでなく色んな悩みについて一緒に考えてくれた。
・みんなで一緒に単語のゲームをすることで、お互い良いライバルとして刺激し合いながら、楽しく学習ができた。

・先輩に課題を教えてもらったことがきっかけで仲良くなり、学校行事にも積極的に参加するようになった。
・同じ目標を持った友人と学習から就職活動までかかわることで、モチベーションを常に保つことができた。
・困っていると誰かがいつも声をかけてくれるので助かった。

　SASSCを利用する学生たちが、学年やクラスの垣根を越え、互いに良い影響を与え合い、学び合う中で成長している様子がわかります。このような関係が築けるのも小規模大学の強みではないでしょうか。人間関係を充実させたことで大学生活全般に対する積極性も培われているようです。ネガティブな面として「騒がしい時がある」「輪の中に入りづらかった」というコメントもありました。周囲に気を配りつつ互いを支え合うことができるよう、学生たちに利用を促していきたいと思います。

謝辞
　大阪女学院大学専任講師の金美玲先生には、インタビューにご協力、また、本コラムにおける学生たちのコメントをご提供頂きました。ここに感謝の意を表します。

SASSCで語り合う学生たち

ダイアログコンテストの様子（クラス代表学生）撮影：大学職員柿本衣美子さん

第3章

平和学授業における
ファシリテーション
──対話を実現するストーリーテリング（もの語り）と芸術
アプローチ

奥本 京子

1．はじめに

　本学では、伝統的に「平和を創り出す人に」（マタイによる福音書5章9節）
との理念を掲げ、世界的な課題を学び国際協力を実践する精神を大切にしてき
ました。本章は、私が担当する平和学[1]の授業を紹介するものです。気付け
ば教職歴も20数年、授業科目の名称はカリキュラム の編成毎に変化し、受講
生の傾向やニーズ、また時代や環境も大きく移り変わってきました。しかし、
平和学の関連授業における共通するカギとなる概念は基本的に変わらず、次
のようなものを挙げることができます。「平和」に関連して「平和創造」「積極
的平和」[2]「平和教育」、「紛争（コンフリクト）」に関連して「紛争解決」「紛
争転換」、「芸術（アート）」に関連して「芸術アプローチ」「平和を創造する芸
術」、中でも「紛争が顕現する芸術」等です。一見、あまり脈絡の無さそうな
これらの概念は、実際の平和学の授業で、対話を実現するため、有機的に融合
しながら展開していきます。
　今回、教師による／授業のファシリテーションという視点から、特に平和学

系の授業では何を重視してきたのかを検証してみることにします。授業を担当する構え（心構えや身構え）として、教師すなわち「ティーチャー（teacher）」でありながら、同時に「ファシリテーター（facilitator）」になることを目指してきました。第2節では、平和学（平和ワーク）におけるファシリテーションの位置付けについて、また、先行研究と実践から平和学ファシリテーションとはどのようなものか、考察します。加えて、平和学ファシリテーションに影響を与えた理論・方法論を紹介します。

　次に、第3節において、ファシリテーションによって可能となる対話がいかに重要かについて説明した後に、第4節では、ファシリテーションを通じて、芸術アプローチの1つである「ストーリーテリング（もの語り）」を重視した授業展開に意味を見出してきたことを紹介します[3]。ストーリーテリングという手法は、一般的には、コミュニケーションやプレゼンテーションにおけるスキル向上というレベルに回収されてしまっているのも事実であり、日本では近年それが流行りになっているようです。しかし、授業の中で対話を実現することで、受講生が相互に関係性を深め合ったり、社会・世界のあり方を自身のものとして捉え、課題を通じて考え、感じ、行動する人になるためには、ストーリーテリングをはじめとする芸術的要素の重要性に触れておかないわけにはいきません。

　第4節後半から第5節は、平和学の学びの実践を組み込んで紹介します。授業「Transformative and Restorative Approaches in Communities（コミュニティにおける転換的で修復的なアプローチ）」におけるストーリーテリングの実践を中心に、そして、もう1つの授業「Conflict Resolution（紛争解決）」における多様な芸術的表現の要素が、どのように学びに反映するかを議論します。実際の授業のシラバス（授業の目的・到達目標・概要・展開）の紹介と、最後には受講生によるフィードバックを紹介します。

2．平和学におけるファシリテーション[4]

　ファシリテーターとして平和学の授業にどのように取り組むかを説明する前に、そもそも平和学領域においてファシリテーターとは誰か、ファシリテーシ

ョンとは何かを確認しておきたいと思います。簡単に言うと、平和学では、ファシリテーターは「介入する人」「交通整理する人」そして「新しい価値や関係性を生み出すことを助ける人」です。まずは平和学領域とは何を指すのか、そこでのファシリテーションが何かを説明しましょう。

　平和学では、基礎概念である平和・暴力・コンフリクト（紛争・対立・葛藤）[5]をめぐる理解と、それを基盤に成り立つ平和創造・暴力削減・紛争解決を中心に、研究・実践がなされてきました。そのため、平和学は平和紛争学とも呼ばれます[6]。

　「実践」の現場とは、平和教育・トレーニングや、武力紛争から日常の対立までの紛争解決・交渉・調停などを含めた（平和学を基盤とした）平和ワークと言えるでしょう。本章では前者の平和の学びに焦点を当てますが、その前に、紛争解決現場での実践についても触れておきます。

　平和学の中でもコンフリクト解決・転換といった領域では、コンフリクトの当事者の間に入り、メディエーション（調停）をいかに行うかが研究され実践されています。コンフリクト状況に外部者（outside party）が介入することにより、状況が整理され、平和的な結果を導き出したり、関係性の平和的な変革を実現したりするのです。

　また、コンフリクトが不在、あるいはコンフリクト要素がそれほど可視化されていない場合は、介入は「ファシリテーション」と呼称されるといってよいでしょう。外部者であるファシリテーターは、関係各者の信頼構築をし、対話を促進します。

　なお、本章では、メディエーションを含む意味において、すなわちコンフリクト要素の有無や可視状況を問わずに、「ファシリテーション」との用語を用いることとします。なぜなら、コンフリクト要素というものは、往々にして可視化されておらず、有無あるいは見えるか見えないかといった二元論ではつかみ取れないからです。

　そして、平和教育（すなわち平和創りの実践練習・トレーニング）の現場においては、紛争解決の現場でのファシリテーション（メディエーション）のあり方からのインプットがなされます。一方で、紛争現場においても教育・トレーニングの現場におけるファシリテーションから応用されることが可能です。平

和学を基礎にしたファシリテーションは、その現場の場所や環境にかかわらず、平和を創造するための実践の潜在能力を高めていくために、私たち1人ひとりが日々相互に研鑽を積むことが重要であることを教えてくれます。

2.1.平和学における先行研究から

次に、先行研究と実践では、平和学ではファシリテーターはどのような役割を担う人とされてきたのか見ていきましょう。第1に、平和学のパイオニアの1人であるノルウェーのヨハン・ガルトゥング（2014）は、コンフリクト（紛争）を平和的手段によって解決・転換するトランセンド理論を開発し、トランセンド（超越）地点を達成する手段としての対話を模索しました。コンフリクトの複数の当事者のうち1者が「勝つ（負ける）」との二元論的発想を脱却し、すべての当事者が等しく何かを得て、各自の目標に近づくために、「外部の当事者（outside party）」は、ファシリテーター（メディエーター）として介入し、徐々にコンフリクトそれ自体にかかわることで「当事者」と成っていくと考えます。また、外部の当事者は、コンフリクトの各当事者に等しく接し、目標・必要を聞き出し、当事者がコンフリクトをトランスフォーム（転換・変容・変革）[7]することを助けます。

北米のキリスト教メノナイト系グループも、活発に平和紛争理論を開発してきました。ロン・クレイビルとイヴリン・ライト（2006）によれば、ファシリテーターは、小グループでの議論や身体を使ったグループ・ワークをワークショップで効果的に行い、議論の内容には中立性を保持し、プロセスの促進役を担うといいます。その技術は、参加者が相互に明確に聞き合うことを助け、参加者の多様で多数の声のバランスを取り、多くの発想を生かす議論の道筋を見つけ、そのプロセスを手放さず留まれるよう助け、強い感情・声の抑揚に気付き、グループが共に活動する能力があるとの確信を徐々に構築する、等です（Kraybill & Wright, 2006：7-13）。

これらの平和学領域におけるファシリテーションでは、参加者のストーリー（もの語り）を、「サークル」と呼ばれる輪になって座る様式の中で共有する「サークルプロセス」を多用します。これは、対話や転換のための手法で

あり、北米やニュージーランド等の先住民族の古来の知恵に由来し、特に、修復的正義（restorative justice）の分野で活用されるものです。ハワード・ゼアは、当事者の多くの声を聴き取るために、人々のニーズやロールを重視するといいます（ゼア、2008：17-18）。というのも、近現代社会では、応報的正義（retributive justice）に基づき加害者の「悪事」に対して懲罰を与え、被害者はほとんど顧みられず、ましてや、両者の暮らすコミュニティ自体の傷つきは、全く注目されないからです。加えて、加害者の中の暴力の連鎖に起因する被害性等も考察されません。サークルプロセスでは、「キーパー」と呼ばれるファシリテーターが全体のプロセスをケアし、安心感のもとに参加者は衡平に語らい合います。ケイ・プラニスによれば、このプロセスでは、歴史や経験が語られ、参加者が自身の状況を理解し進む道を模索するといいます（Pranis 2005：39-40）。それは自己内対話のプロセスなのです。

2.2.平和学に影響を与えた理論・方法論から

平和学ファシリテーションに影響を与えた理論・方法論にも触れておきましょう。アウグスト・ボアール（1984）は、ブラジル民衆文化運動に参加し、被抑圧者が演劇の力と言語をその手に奪い返し、自己を解放する手法を編み出しました。俳優と観客が「アクター（行為する人）」となり、問題の解決方法を模索する演劇です。そうして思考する社会的主体となった「市民アクター」は、演劇中の行為を現実社会の中で実践しようとします。ボアール演劇の手法は、権威による差異（教師／生徒、俳優／観客）及び日常に偏在する抑圧を意識化し、行為者としての観客を生むのです。「ジョーカー」と呼ばれるファシリテーターは、フォーラムシアター、彫像演劇、討論劇、見えない演劇等の手法で、プロセスに焦点を当て、社会・世界の中の構造的・文化的暴力をあぶり出すことになります。

心理学系理論からの影響も多大です。米国の臨床心理学者、マーシャル・B・ローゼンバーグ（2012）の非暴力コミュニケーションは、人の内と外に平和をつくる手法として開発されました。ファシリテーターは、観察、感情、ニーズ、リクエストの4要素から、個人レベルから社会・世界レベルまでの人間

関係に注目し、自身の内的対話や、他者の言葉の意図の推測、他者との対話を励行します。誤解や偏見を見極め、気持ちや価値を明確にし、真に望むことを見出し、自らの力で実現する原動力を生みます。他者の内面を侵さず、生来備わる力を奪わず、自分と他者を尊重し、非暴力を軸とするのです。

　また、米国のアーノルド・ミンデルによるプロセス思考心理学は、「プロセスワーク」と呼ぶ手法の中でもグローバルな問題と絡むものを、特に「ワールドワーク」と名付け、コンフリクトのワークをファシリテーターが手助けします。人の内面と社会という外側とを繋ぐために、参加者自身の（日常的な意識状態とは違った）変性意識状態、恐れ、怒り、混乱、熱狂等と取り組み、①思い出す、②感じる、③引き下がる、④怒る、⑤敵を見る、⑥敵を援助する、⑦敵に攻撃させる、⑧敵に開かれる、⑨援助者とワークする、といった自己内のワークを行い、⑩これらだけを解決策として理解しない、としています（ミンデル 2013：185-9)。

　本節に記した理論・方法論等を活用し、日本の平和教育におけるファシリテーションのあり方を模索してきた平和教育プロジェクト委員会は、日本平和学会の内外で活動してきました[8]。それは、新たな平和教育ファシリテーションのあり方を「やりとり力」という概念を軸に深化したと言えます。「やる」力とは、話す・アウトプットする・語る力です。「とる」力とは、聞く・インプットする・聴く力を指します。この両方が交互に循環することで、平和的関係の構築が可能となり、対話のプロセスが徐々に実現します[9]。

　このように、平和学においては、多種多様なファシリテーション手法を中心に研究・実践が行われています。ファシリテーションのダイナミズムの中で、参加者は自身と他者の考え方や感じ方をめぐり自由になるのです。ファシリテーターはそれらに共感を示します。つながり合うプロセスの中で、相互への信頼が醸成され、紛争解決・平和創造のための創造的なビジョンが生まれていくのです。

第3章　平和学授業におけるファシリテーション

3．人間の関係性におけるファシリテーションの位置付けと軸としての対話[10]

　本節ではまず、人間の関係性を構築するための「コミュニケーション」という大きな概念の中に、ファシリテーションがどのように位置付けられるか、そして、ファシリテーションが対話という軸をもったコミュニケーションであることを概説します。

　演劇人であり公共政策等について社会的な提言を続ける平田オリザによる「話し言葉の地図」によれば、「話し言葉」すなわちコミュニケーションは、いくつかに分類されます。「演説」は政治家などに代表される主体によってなされるコミュニケーションであり、「談話／スピーチ」は文化人などが行う、「説得・対論／ディベート」は弁護士などによる、また、「教授・指導／ティーチング」は教師によるコミュニケーションです。そのほか、「対話／ダイアローグ」、「挨拶／グリーティング」などがあり、家族による「会話／カンバーセーション」、また、「反応・叫び／リフレクション」、「独り言／モノローグ」などがあります（平田、2001：9）。

　しかし、このコミュニケーションの分類に、「促進／ファシリテーション」や「調停／メディエーション」、または平和ワークにおいて同様に重要な「交渉／ネゴシエーション」は含まれていません。平和紛争学、平和構築学、紛争転換学などの平和ワーク領域に焦点を当ててコミュニケーションの類型を展開するとすれば、「交渉・駆け引き／ネゴシエーション」は外交官やNGO職員などの主体によってなされる重要なコミュニケーションの形であるといえましょう。また、「促進・抽出／ファシリテーション」や「調停・仲介／メディエーション」も分類の1つに加えるべきだと考えます。

　次に、コミュニケーションの1つのあり方としてのファシリテーション（メディエーション）においては、「対話」がカギ概念となり、そこから生まれる「転換・超越」といった要素が結実していきます。リサ・シャークとディヴィッド・カンプトによる対照表を参照すれば、「討論（debate）」と「対話（dialogue）」の対比は興味深いです（Schirch and Campt, 2007：9）[11]。

75

そこでは、「討論」は次のように説明されます。

1. 目標は、「勝つ」ことであり、自身の見方を肯定して、相手のそれを否定的に捉える。
2. 相手の弱点を探そうとして話を聞く。
3. 相手の経験を、ゆがめられた、あるいは不正当なものとして非難する。
4. その問題に関しての自身の見解を変えるつもりはないと決め込む。
5. 相手の立場や動機についての憶測に基づいて話す。
6. 互いに反対しあい、相互に相手が間違っていることを証明しようとする。
7. 怒りのような強い感情は、相手側を威嚇するのに使用される。

それに対し、「対話」は次のように説明されます。

1. 目標は、違った視点を理解し、相手の見方について学ぶことである。
2. 相手の経験がその心情をどのように形作っているのかを理解するために聞く。
3. 相手の経験が本当であり正当なものとして受け入れる。
4. その問題に関しての自身の理解を広げることに、一定程度オープンである。
5. 何よりもまず、自身の理解や経験に基づいて話す。
6. 共通の理解に向かって協働でワークする。
7. 怒りや悲しみのような強い感情は、それらが経験や信条の強さを含んでいる場合には、その場において適切である。

さらに言えば、「対話」では、相手からのフィードバック、特に肯定的で建設的なフィードバックが期待できるでしょう。そこでは、腹を割った他者との深いかかわりが必要になります。対話は、知らない人どうしの情報交換において、また、知り合いどうしの異なる価値観・感受性の、摩擦を生じる可能性を秘めた出会いです。それに対して、「討論」とは、相手を説き伏せ打ち負かすことが一番重要であり、自身の正当性・正義・強さに揺るぎはなく、人と人との関係性において勝利することに価値を置いています。平和学を基盤とした平和ワークでは、勝敗の発想から脱し、転換・超越の発想へとシフトすることが

第3章　平和学授業におけるファシリテーション

重要です。対話を軸とするファシリテーションは、そのような発想の転換を可能にするのです。

　また、対話とは、人と人との関係性の構築のプロセスそれ自体を重視します。加えて、プロセスを重視することから、その結果である成果にも敬意を払います。上述の通り、関係性のプロセスの推進とは、まさにファシリテーションの第1の目的であって、対話は、それらの方法の中心的で必須の要素として機能するのです。

4．ストーリーテリング（もの語り）の意味[12]

　「ストーリー」の持つ力を活用するサークルプロセスという平和学の実践があることを第2節で述べました。平和学（平和ワーク）において、芸術を活用したファシリテーションとも言える「芸術アプローチ」の方法論は多種多様ですが、本節では、その中でも「ストーリーテリング（もの語り）」を軸に、コンフリクト（紛争）を転換し、平和を創造するための平和学の学びについて検討します。もの語りを実体化するためのサークルプロセスを用いたファシリテーションの実践例を挟み、ストーリーテリングがいかに機能するのかを紹介します。

4.1.「ストーリーテリング（もの語り）」とは何か

　第1に、「ストーリーテリング」とは何かを考えてみましょう。そもそも"story-telling"とは、文字通り「ストーリー（話、はなし）を語る・伝えること」です。そして、それを行う主体は、"story-teller"すなわち「ストーリーテラー、話の語り手」です。自らストーリーテラーであり演劇人であるジョン・オニール（John O'Neal）は、次のように定義しています："Liars cover things, but story-tellers uncover things, and everyone can take good out of it.（嘘つきはものごとを隠そうとするが、ストーリーテラーはものごとを開示する。そしてみんなそこから善きことを得る）"（Cohen and Lund, 2011）[13]。

　専門教育領域での平和学の授業では、英語を媒介言語とすることになってい

77

ます。しかし、私の授業実践の方針として重視していることを明確化するために、日本語で説明しておきたいと思います。"story"の定訳は、「物語」でしょう。そこには、「でき上がった作品」という、ある種の結果としての創造物といったニュアンスが付いて回ります。しかし、この言い古された言葉を用いることを敢えて避けることで、結果としての物語に主軸を置くのではなく、プロセスとしての"story"そして"story-telling"に重心を置きたいと考えます。すなわち、そこでは、受け取り手である聴き手に、創られゆくプロセスを味わいながら、考え、感じ取って欲しいとの意図を反映させたいのです。というわけで、日本語では敢えて、「もの」+「語る」（動詞）、「もの」+「語り」（名詞）といった文言を使用することにしています。また、名詞としての「もの語り」は"story"そして"story-telling"の両方に対応させることにします。

　ケイ・プラニスによれば、もの語り・もの語ることの重要性とは、次の通りです。

　　もの語りとは、聴く人を開くやり方で情報を提供する。情報が認識的に明示・提示されるとき、われわれは聞く内容を自動的に審査して、それについて賛成か反対かを決めようとするものだ。まず知的に関与し、それに対しどう応答するかについて考え始めることが多いのである。しかし、もの語りは、違った形の聴き方を必要とする。身体は弛緩し、椅子の背にもたれかかり、より開いており、不安感をあまり持たない。内容についての先入観無しに、もの語りを受け入れる。知的に加えて、感情的にも関与するのである。こういった聴き方は、われわれが情報をもっと徹底的に交換することを可能とし、人々がより深い理解を持つことにつながるのである（Pranis, 2005 : 39-40）[14]。

　この意味において、もの語り・もの語ることを実体化するための「サークルプロセス」という方法を次に紹介します。

4.2. もの語りのサークルプロセスによる共有

　もの語りをサークルの中で共有することにより、対話や転換を経験するため

第3章　平和学授業におけるファシリテーション

の方法論であるサークルプロセスは、北米やニュージーランド等の先住民族の古来の知恵に加えて、現代の人々のニーズへの敬意・尊重のシステムとして発展してきました。先述のプラニスによれば、サークルプロセスとは、下記の通りです（Pranis, 2005 : 6-7）[15]。

- ・すべての参加者の存在と尊厳に栄誉を与える
- ・すべての参加者の貢献に価値を見出す
- ・すべてのものごとの連続性を強調する
- ・感情的で霊的な表現を支援する
- ・すべてに対して平等に声を与える

　サークルプロセスの実践においては、その参加者は、基本的には一重の円になり内側を向いて座ります。「サークル・キーパー」あるいは「キーパー」と呼ばれるファシリテーターが全体のプロセスをファシリテートします。「トーキングピース」と呼ばれる象徴的なものが1つ用意されています。例えば、私の場合、以前訪れた沖縄・伊江島の海岸に打ち上げられていた珊瑚のかけらを拾って、その場所の歴史的な苦しみや痛みを覚えるという意味において、トーキングピースとして活用したりします。サークルの中では、トーキングピースを手に取った人は声を出すことができ、持たない人たちはその声に耳を傾けます。これだけの大変シンプルなプロセスですが、すべてのあり方を受容されたという安心感のもと、人々は、声を発し合い、衡平に語らい合うのです。

　第2節で述べたとおり、このサークルプロセスは、平和学分野の中でも、特に修復的正義の分野で多用されます。私たちの近現代社会においては、加被害にかかわる多様な人々の声を聴き取ろうとするシステム（制度・装置）は存在しなかったといえましょう。修復的正義の場合、そのような顧みられずにきたことを見直し、多様な当事者の多様な声を聴き取るために頻繁に用いられるのが、サークルプロセスです。しかし、このプロセスを用いることで、すべてが解決するわけではないし、謝罪や和解が保証されているわけでもなく、万能薬というわけではありません。

　修復的正義の開拓者の1人、ハワード・ゼアによれば、修復的正義とは下記

79

のように説明されます（Zehr, 2002：8-13）[16]。

- ・一義的に、赦しや和解のためのものではない
- ・メディエーションではない（物理的な出会いに限定されるわけではなく、「会議」や「対話」という言葉に置き換えられることがある）
- ・一義的に、常習的犯行や繰り返される犯罪を軽減するために設計されたわけではない
- ・ある特定のプログラムでも青写真でもない
- ・一義的に、比較的軽少な加害や初犯者のためのものというわけではない
- ・新しい、あるいは北米で開発されたものでもない
- ・万能薬でも、必ずしも法的制度に代わるものでもない
- ・必ずしも、禁固・監禁に代わるものではない
- ・必ずしも、応報・懲罰の反対概念というわけではない

　この「……ない」リストは、一般的傾向として修復的正義が一方的に期待・誤解される事柄に対するアンチテーゼとして作成されたのでしょう。修復的正義とは、それ自体がすべてに取って代わる魔法のような発想というわけではなく、実直に、人々のニーズ（必要）やロール（役割）を重視するという発想に依っています（Zehr, 2002：13）。

　先述のプラニスによれば、サークルとはもの語りのプロセスです。歴史のもの語りや1人ひとりの経験を用いることで、関与するすべての人々が、サークルの中で、自身が置かれた状況を理解し、どのように進んで行けばいいかを模索することができるといいます。それは、一方的なレクチャーやアドバイスされることに依るものではなく、苦労・痛み・喜び・絶望・達成感といった感情のもの語りを共有することによって実践されます。個人的なもの語りは、サークルの中で洞察や智恵の源泉となります。もの語るということは、自己内思考・対話のプロセスです。そこでは、どのような出来事が自身に起こったのか、なぜどのように自身に衝撃を与えたのか、自身や他者をどう理解するのかを、明確に表現することになります（Pranis, 2005：39-40）[17]。

80

第3章　平和学授業におけるファシリテーション

4.3.芸術アプローチの1つのメソッド——個人のもの語りの共有からコミュニティの創造へ

サークルプロセスを用いて、もの語りの手法を十分に生かすために、自由で豊かなファシリテーションは、ある種の芸術／アートとして位置付けられるのではないかと考えます[18]。芸術をめぐり、私たちは何を行うのでしょうか。

1．芸術家は、表現したいと思うものをさまざまな方法で表現する。
2．鑑賞者は、それぞれの思いを胸に鑑賞する。
3．芸術をめぐり、鑑賞する人々の間に関係性が生まれることがある。
4．芸術を創作する側と鑑賞する側の間にも関係性が生まれる。
5．鑑賞者自身も、心の中に無形表現するなど自己内対話を行うだろう。
（奥本、2012：69）

これを、「芸術家」を「語り手」に、「鑑賞者」を「聴き手」に置き換えると、サークルプロセスで起こる現象の説明にもなるでしょう。語り手の語る行為によって、聴き手の関心はその内容に集中します。もの語りが共有されることによって、グループとして、その内容に深く共感するのです。芸術家・語り手、鑑賞者・聴き手が、一緒になったそのグループは、コミュニティとしての一体感を得ることが可能となります。

ここで、「市民芸術家（citizen artists）」の重要性について触れておきたいと思います[19]。芸術家とはいかなる人々であるのか、芸術とはどうあるべきか、を考えるとき参考になるのは、歴史家であるハワード・ジンの言葉です。ジンは、国家の暴力行為に抗して行動する多数の芸術家の姿を描き、芸術家の再定義を試みています[20]。芸術家とは、既成の枠組みや「常識」に囚われず超越し、自由に発言・行動します。そして、それこそが芸術家の本質であり、市民の本来のありようであるとします。すなわち、とりわけ生命にかかわる暴力に直面するとき、権力や主流メディアに抗して芸術家が取る批判的行動は、市民としての芸術家が自らそのような行動を促していると考えられるのです。芸術とは、属性の如何にかかわらず、剥きだしの個人個人が、真摯に、そして誠

81

実な態度で社会に向き合うような、平和を創出する力を人々から導き出します。特に、人命にかかわる事柄については、既成の枠組みから超越し、自由に思考・行動しなければならず、そういう市民1人ひとりが芸術家という存在であるべきと主張します。ここで、「市民」と「芸術家」は同義語となり一体化していると考えられましょう。

　本学における平和学を基盤とした学びの中では、芸術表現を通じて受講者どうしがつながっていくことを重視しています。後述するように、専門課程の授業は15週に30コマ（週に2コマ）で展開します。普段からさまざまな芸術的な要素を取り入れ学ぶことにより、丁寧な学びのプロセスが可能になります。また、授業の最終局面では、受講生自身が、紛争解決・転換についての個人プロジェクトの具体的な分析内容を、また自身の過去の体験の転換的・修復的なもの語りを、芸術の形に表し、教室の中をミュージアムに見立てて、相互に鑑賞し、対話する時間を持ちます。そこでは「アートプレゼンテーション」と題して、詩、絵画、音楽、ダンス、その他さまざまなジャンルの芸術が一堂に会し、時には受講生自身がクリエイティブなミニ・ワークショップのファシリテーションを行う場合もあったりします。

　芸術表現は、より独創的な思考・感性が求められるため、紛争解決・転換や修復的正義の発想力が、言語による議論とはまた別の角度から鍛えられることになります。個人的なコンフリクトを扱うにあたりプライバシーを守りたいと感じる受講生は、言語で具体的に解説する必要は無く、非言語アートや言語を介するが抽象度の高いアートを活用しつつ表現し、他の受講生との交流を進めていくことが可能になります。何より、仲間たちと共有しあうことで、関係性の深化が期待され、その楽しさを実感することになり、自信がつき自己肯定感・達成感を持つ受講生も多くいるように見受けられます。

　本章では、「市民」とは、一個の民であり、社会を構成する個々人であるとしておきます。市民が芸術家となり、芸術家が市民となり、そうした市民芸術家が平和ワークの主体となります。すなわち、平和ワーカーは市民芸術家です。こういった私たちの社会における私たち自身の変容の過程において、もの語りが作用する余地があることを認識したいと考えます。市民芸術家であるところの平和ワーカーは、自由な発想で考え、今まさに起ころうとしている暴力を批

判し、創造的なオルタナティブを提案し、実際に行動します。語り手と聴き手が、コンフリクトや傷つきの所在を深く理解し、一緒にコミュニティを形成し、行動していきます。もの語りを通じた芸術アプローチの1つの方途が、こうして、平和ワークにおける関係性創りのもう1つの新しいチャンネルを引き出していくのです。

5．本学の授業におけるストーリーテリング（もの語り）と芸術アプローチ

　大学という高等教育機関において、教育の現場で教師がファシリテーターとなるとき、それはどういう意味を持つのでしょうか。本節では、私自身が担当した平和学系の授業のうち、「Transformative and Restorative Approaches in Communities」を例に挙げます。なお、授業の内容は英語で行われます。下記はシラバスの中の「授業の目的・到達目標」そして「授業の概要」を日本語に訳したものです。加えて、授業の展開について実践を整理します（もう1つの授業「Conflict Resolution」については、ここではなく、別稿にて詳述しています[21]）。

授業の目的・到達目標
・学生は、「平和」「暴力」「コンフリクト」といった平和紛争学の基本的概念について理解する。
・学生は、サークルプロセスを用いた他者のもの語りを聴くことで、存在の全体性を経験・理解する。
・学生は、転換的で修復的な対話をファシリテートできるようになる。
・学生は、転換と修復のために、コンフリクトが顕現する芸術的技術を身に付けることができる。
・学生は、命のエネルギー、深い共感的傾聴、もの語りの癒しの力、そして意味の探求を尊重する方法を学ぶ。
授業の概要
　学生は、指定教科書を用いて、「（コンフリクト）転換」や「修復的対話」の概念を学ぶ。また、自身の想像力と創造性を伸ばすための芸術の役

割について学ぶ。そうして、平和の意味を命の全体性として深める方法を
模索するのである。授業では多くの実践的なエクササイズを用いて、対話
の技術を学ぶ。学生には、「コンフリクト（平和）ファシリテーター」と
なるという目標に到達することが期待される。

授業の展開

　本学では、専門教育課程の授業は、1週に1コマ90分を2コマ展開していま
す（連続2コマではなく、火曜日に1コマと金曜日に1コマ、などの分散された配
分）。実際の授業展開においては、1つのコマで1つのアクティビティが完結
することが困難な場合も多く、何度も繰り返して復習したり、既に実践した内
容とその日の内容を繋いだり、コマの枠組を越えて有機的に展開します。次に
紹介するのは、授業の流れの1事例です。1週2コマの15週30回といった展
開なので、下記の1週分が2コマの時間に充てられ、かなり丁寧な学びのプロ
セスが可能となり、多くの内容は繰り返し行うことで、受講生は話したり書い
たりすることに徐々に慣れていきます。

　もの語りの持つ力や意味について考え、どのようにそれらを引き出すファシ
リテーションの可能性があるのか、特に、パーソナルなストーリーの共有によ
って、人と人の間の関係性が発展し、加えて、コミュニティそれ自体におけ
る平和学（平和ワーク）の目的——平和構築・紛争転換・和解・共生といった
——が果たされる可能性について、ここでは、本学での試みを通じて、模索し
てみたいと思います[22]。

　上記の通り、本学における平和学の授業は、15週で30コマ（週に2コマ）で
展開するので、授業最初のウォームアップ時に、サークルプロセス手法を活用
して、それぞれの身近な話（ここ数日間に起こった出来事についてなど）を共有
したりすることで、もの語るという行為と環境に徐々に慣れていきます。通常
十数人（多い場合でも20人ほど）の受講生は1つのグループとして、15週を通
じて、ことあるごとに意見や感情を表現し合い、サークルプロセスで対話しま
す。時には、密閉性が高いペアワークでも行い、受講生の安心感のうちに（よ
り）自由に「もの語り合う」時間を持ちますが、多くの場合は、その後に全員

第3章　平和学授業におけるファシリテーション

週	導入	テキスト講読を基盤に対話しつつ学習する内容	次週（次回）へ向けての課題
1	senses（感覚）や身体性の重要性／関係性とは何か／平和学におけるカギ概念の導入／テキストの導入／自分自身についてポジティブな事柄を10以上書き出し、ペアワークで共有など		テキスト予習
2	私たちの社会・世界で起こっていることについて、及び／または最近自身が経験したり感じたことについて、サークルで対話（毎回授業の冒頭に）	ストーリー・ストーリーテリング（もの語り）の意義／修復的正義概念の導入／テキスト講読など	テキスト予習
3		小さなエピソードの語りのペアワーク／アニメで学ぶ「私メッセージ」／テキスト講読など	テキスト要約の執筆
4		北アイルランドの「和解」を目指す人たちの映像／サークルプロセスの導入／過去の出来事についての語りの練習／テキスト講読など	テキスト予習
5		対話とは何かの3人1組ワーク／「桃太郎」のオリジナルストーリーから応報的正義を導入／オルタナティブな発想について対話／テキスト講読など	テキスト要約の執筆
6		アニメで学ぶ「鬼退治したくなかった桃太郎」／「ホーポノポノ」の和解手法の導入／「桃太郎裁判」映像／修復的正義の理解／テキスト講読など	テキスト予習
7		エルサレムのふたりの少女をめぐる映像／対話の困難性、赦しとは何か／自身の過去のコンフリクト・ストーリーについてのクリエイティブライティングの意味／テキスト講読など	クリエイティブライティング開始
8		身体的ワーク（エッグシェイカー）／好きな風景や懐かしい子ども時代の友人についてサークルプロセス／ルワンダの家造りプロジェクトの映像／テキスト講読など	テキスト要約の執筆
9		ルワンダの家造りプロジェクトの映像（その2）／テキスト講読など	クリエイティブライティング継続
10		フォーラムシアター手法を用いた加害と被害の関係／テキスト講読など	テキスト予習
11		南アフリカのアパルトヘイトと真実和解委員会についての映像／テキスト講読など	クリエイティブライティング継続
12		現代日本社会をめぐるいくつかの課題（マイノリティ）をめぐる映像／テキスト講読など	アートプレゼンテーションの準備
13		『Acting Together』映像／テキスト講読など	アートプレゼンテーションの準備
14	アートプレゼンテーション		クリエイティブライティングの完成
15	復習		クリエイティブライティングの完成

85

が集いサークルになって共有することを意識的に実践します。これは小規模大学・小規模授業編成だからこそ、容易になると考えています。

サークルプロセスでは、通常、サークルの中で話し合ったことは外に持ち出しません。参加者は相互にそのことを確認し、プロセスは原則としてサークルの中で完結します。話し合いのトピックが明確に設定されている場合もあれば、それが柔軟に変容する場合もあります。目的は、深く親密なコミュニケーションによる相互理解・共感・信頼の構築等であることが多く、結果として紛争解決や和解に至ることもあります。

こうしたサークルプロセスの手法を用いて、大学の授業という環境の中で受講者がもの語ることを続けることが、他の平和学の学びがどうつながっているか検証していきます。授業では、アニメ作品で「私メッセージ」[23] を学んで、平和的・非暴力的なコミュニケーションのあり方について体験してみたり、相互理解・和解についての修復的正義・対話についてのテキストを講読したりします[24]。テキストには、各章が加害被害の関係にある当事者がどう対話していくかについて書かれており、それぞれの傷つきの「もの語り」が展開します。

さらに、北アイルランド紛争の停戦合意後に、心の中に深い傷を持ちつつ憎しみを乗り越えようとスコットランドへ対話の旅に出た人々が、サークルプロセスを実践するドキュメンタリーを視聴したり、1994年のジェノサイドを経たルワンダにおける、和解のための家造りなどの市民社会活動についてのドキュメンタリーを視聴したりもします。また、応報的正義の色濃いオリジナルの「桃太郎」を、多角度から捉え直したり、フォーラムシアター手法で身体を動かしながら加害・被害について感じ体感したりすることで、社会における人々の関係性を考えてみたりもします[25]。

身体的ワークは、ファシリテーターが必要を感じる都度に挿し込みます。お互いの存在を大切に感じられるような接触型のムーブメントであったり、エッグシェイカー（音が出る卵型の小さな楽器のようなもの）を用いてリズムを通じて創造的につながり合ったりします。特に、重たいテーマを扱うときや、単に学期途中で受講生の中から疲れを感じさせるような発言があった折、理性に偏重した意見が続くときなど、身体的なワークはとても重要です。

学期の後半には、徐々に無理のない範囲で、と注意しながら、受講生自身

第3章　平和学授業におけるファシリテーション

の過去を振り返り、重い課題（傷つきや悲しみ）について書く作業に入ります。時間をかけて、小説を執筆するかのように書き出す、クリエイティブライティングを行うのです。大学ではアカデミックライティングを中心に学び、如何に思考を知的・論理的に説明・証明するかに力を入れますが、クリエイティブライティングでは思考だけでなく感情を自由に表現することも大事とされます。何度か提出し教師からのアドバイスを受けながら、読者は教師ただ1人という条件のもと、信頼関係がある一定程度構築されれば、プライバシーを描き出すことも可能です。私は、あたかも小説家になったかのように客観的に自身のもの語りを描き出すことは、自己内対話を行うことにもつながるのではないかと考えています。自らのことについてもの語ることの意味、クリエイティブに執筆することの意味、表現することの難しさ等について丁寧に話し合うことで、受講生の主体性自体が重要であり、「教師」に強制されたりしてはならず自由であるべきだということ、またその際に「正しい」型や答えはない、という合意を形成していきます。本人が辛さ・しんどさを持つ場合には、テーマを変えて書き直すことも推奨しています。

　授業の最終週あたりには、それぞれのもの語りを胸に、また別の芸術で表現したものを持ち寄り、他の受講生と共有します。そこでは、互いの抽象的な「もの語り」を受け取り、分かち合い、語り合うことが可能となります。第4節の3で述べた芸術アプローチ（アートプレゼンテーション）を参照ください。このアートプレゼンテーションは、クリエイティブライティングを別の表現で（どちらかというと抽象的に）表現し直すことを奨励していて、受講生各自のプライバシーを守り合うことを大前提にしています。しかし興味深いのは、その表現の形に制限がかかることはあまりないようで、自由に安心しながら仲間との信頼関係のうちに共有し合い、共鳴し合っているように見受けられることは、教師でありファシリテーターである私の喜びでもあり安堵するところでもあります。

　私は、上記の複数の学びの要素を、総合的・創造的に組み合わせ、ときには反復しながら、受講生がもの語ることを容易（facile）にすることを意識しています。今までの経験から、受講生の創造性・想像力によって、空間軸・時間軸を自由に超えることが可能となり、探求の力と信頼に基づいた関係性の中で、

写真　吉年唯音さん（2022年度受講生）の作品

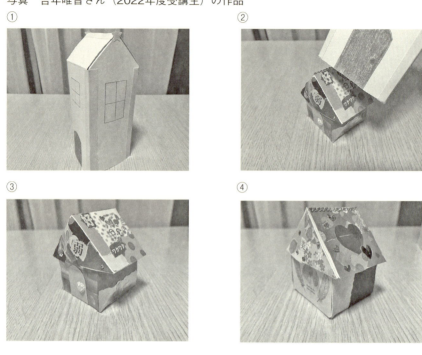

　ようやく本当に語るということ、つまり、対話の芽が生まれると感じています。深い理解と共感の力が、1人ひとりの受講生をして、今ここで考え感じたことを率直に表現させるわけです。
　次に、上述2つの授業（2022～2023年度）の受講生からの自由記述形式のフィードバックを紹介します[26]。教育におけるファシリテーションの意義について深め、また、平和学の学びにおいて受講生が主体的に平和を創造することを目指すのであれば、それらを支援するためのファシリテーションとはどうあるべきか、を批判的に考察してみたいと思います。

第3章　平和学授業におけるファシリテーション

1）テキストについて

・授業が始まってすぐは、頭で知識として理解している感じだったけど、授業で色々な経験をして、体感的に理解できるようになっていった。

・初めてのジャンルのテキストだったし、知らない単語も多く出てきたので、初めは苦戦したけど、最後の方は何度も何度も繰り返し読んだ。私は今まで、正しいか正しくないか、悪いのが誰か、を決めてしまっていた。修復的アプローチまで考えたことがなかった。罪を犯した人がこれからも生きていくために何が必要か、など新しい視点を持つことができた。

・「もの語り」を通して学ぶことができたことが、私に大きな学びを与えてくれたと思う。もちろん、修復的正義とは何か、ということを論理的に理解することも必要だと思うが、「赦し」を通して人が抱える複雑さや、いかに変化が起こるのかを感じながら学ぶことができたので、より深い理解が得られたと思う。話にのめり込むことで、少し大袈裟だが、まるで自分が経験したかのように記憶に残っている章もある。

［筆者の考察］テキスト講読については、「教科書」を読み新情報を仕入れる次元に留まらず、受講生は体感としてストーリーを受け止めていたようです。加害被害をめぐる新しい概念に「おっかなびっくり」出会うこともありながら、それらを深く広く捉えようとする姿勢が徐々に育まれていたように見受けられます。

2）クラスでのディスカッションについて

・皆の意見を聞くことで新しい気づきを得たり、自分自身の考えについて捉えなおすきっかけになったりしたので良かった。

・このクラスは留学生が多いこともあり、自分と全く違う価値観や考え方を持つ人、とても深く考えている人、自身の体験を交えて話す人の意見を聞くことができ、とても貴重な時間だったと感じる。とても刺激になった。

・相手の話を聞くことの持つ力について学んでいく中で、色々な人々の話を聞く体験をした感じがする。そのとき、私の中で確実に共感や理解が生まれて

いくのがわかった。また、映像を見終わった後の議論で、色々な考え方や表現の仕方に触れることができた。自分の話をするにも、相手の話を聞くにも、さまざまな形やアプローチがあるけど、そのこと自体にとても意味があるということはいつも共通していたと思う。

・日々の出来事を話すだけでも、クラスの中で同じ経験を共有する感覚が生まれるように感じた。

・自分のことを話すということにあまり慣れていなかったし、そんなに大した話は自分にはないと思っていたけれど、いざ話すとなると何かしら頭に浮かんで、その話が自分にとって意外に重要だったり影響力を持っていたりするんだ、と気付かされることが多かったように思う。また、誰かが何かを話すとき、その話をわざわざ選んで話していると思うと、その人にとって意味があるということなので、丁寧に聞く必要があると思うようになった。自分も相手も含めて、どんな話も重要ということを学んだと思う。

[筆者の考察] この設問では「ディスカッション」と記し、敢えて「対話」と決めつけずに自由記述してもらいました。ペアで、または全体のサークルで共有した時間が多く、それが軸になって信頼構築の感覚が育まれていったように、私自身も感じています。他者の感情や思考と、受講生自身のそれらとを両方尊重し、共有することで視野の広がりや深まりを得ているように見受けられます。女性ばかりのクラス設定ということも、より自由に話し合うことを可能にしているとも考えています。

3）ワークショップについて

・課題に対する応答を考えるとき、みんなが「クレージー」で創造的な発想をすることが驚きだった。

・自分の身体を実際に動かして、ロールを持ち、体感したことでより理解できた。

・大学の他の授業では、ほとんど身体を動かすことがないので、初めは戸惑った。エッグシェイカーのワークは、ただただ音を鳴らすだけだったが、フォ

第3章　平和学授業におけるファシリテーション

ーラムシアターでは、身体を用いて自由に表現できた。人間は文字だけで伝えるには限界があるし、私は文字だけだと五感すべてにあまり刺激が来ないので、ワークショップにより、人それぞれの表現、力関係のプレッシャー等について身をもって学べた。
・やはり体を使うととても記憶に残る。サークルプロセスでは、どのようにしたら話しやすいのかを考えるきっかけになったし、場の雰囲気や位置関係なども重要で、プロセスに影響するんだと思った。これは実験的ワークショップだからこそ得られた学びだったのではないかと思う。

［筆者の考察］授業では、講義型（レクチャー）の学びを時折混ぜて進行するのですが、時間の多くが体験型（ワークショップ）であるという印象を強く持ったようです。サークルプロセスによる対話に始まり、身体を用いたワークは、言語的・知的作業の枠を超えることができるので、ファシリテーターが意図しないところで、随所に気づきがあるようです。また、身体的ワークは特に、同性どうしであればより実践しやすいということは確かで、女性のみのクラス設定ならではの親近感・親密感は創出しやすいと考えています。

4）エッセイ執筆／アート表現について
・自分が体験した過去の出来事を文字に起こすことで、当時の気持ちが鮮やかに蘇ってきて、消化したと思っていたのにまたイライラしてしまった。消化したのではなくただ諦めてしまっていただけで、自分の中で解決できていないことに気がついた。
・自分の悩みや過去の苦しみを話すことはできても、文字にするのは難しく感じた。しかし、文字にするために考えることで、脳の中で整理されていっている気がしていた。何年も経った話だったが、このように授業で吐き出せたことで気が楽になった。
・日頃悩み事があるとブレインストーミングをして、どうすればいいのかを自分なりに整理するが、今回の学びを通して、上手下手に関係なく絵などで気

91

持ちを表すのもいいことだと思った。また、みんなのプレゼンテーションが本当にそれぞれだったので、改めてそれぞれにとっての「平和」が違うことが目に見えてわかった。

・初めての経験だった。大学では自分の経験だけをシェアする機会はなかなかないので、どうやって書くか、アートを作るかすごく悩んだ。私は、文字だけでアカデミックなことを書くことが一番納得させられて、論理的な方法と考えていたが、これらを通して、証拠を提示することで人に納得させるだけではなく、もっと沢山の表現を通じて他の人に見てもらうことも、世の中にはたくさんあるのだなと感じた。

・自分をこんなに表現したことはなかったと思う。でもそれが解説ではなくて、その時に戻ったように小説として表現する、または作品にして表現する、ということを通して今の自分にとってその経験がどういうものなのか再確認できる機会になったし、意味付けしている気持ちになっていくような感覚があった。テキストで、何度も「癒し」という言葉が出てきたが、表現することは癒しだと、体験した。

［筆者の考察］世界平和や政治の構造といった「大文字」の「平和」の学びではなく、思考と感情を率直に表現し、それを仲間と共有することで、多様で多層な身近な平和のあり方を経験したようです。非言語手段と言語手段の両方の利点に気づき、表現することでコンフリクトが転換され、「小文字」の平和が創造されるという経験につながったと思われます。

5）コース（授業）全体のファシリテーションについて

・このコースは皆の間に強いつながりを築き、学生の分析力や創造力を向上させた。大学において最重要なことは、教師と学生の関係だと考えているので、この授業は大いに役立つと思う。教師と学生の間に垣根がなく、皆、より良い世界を作ろっとする人たちだと感じた。

・最初に考えていた平和と今自分が思う平和が違うので、全体を通して学びを得て、自分自身が変われたと思う。展開・進め方がよかったと思う。個人的

には、最初に平和を色に例えて議論したのが良かった。その時の自分の色と今の色が違えば、振り返ることもできるし、他の人の意外な選択肢の理由をその時わからなくても、授業を通して学んだことによって理解できるようになるからだ。全体的に、大切なところをしっかり取り上げているのと、頭ではなく感じるということを大切にしていて、印象にも残ったし、考えさせられることもたくさんあった。

・先生は、ただこれまで培われた知識を教えるのではなく、フラットに提供してくれている感じがあり、自分はどう思うのかを考える時間をたくさん取ってくれていたように感じる。もちろん、先生がパッションを持ってる分野であるとも、非常に感じた。誰かが発言して、そのあと他にないか、質問はないかを聞いてくれたりして、過ごしやすかった。座席をサークル状にしていたので、とても話しやすかった。授業内容だけじゃなく、授業初めに、最近話したいことはあるかを聞いてくれることもあり、そこでの話題についても知識面でレクチャーしてくれたり、非常にフレキシブルだと感じた。とても楽しかった。

・強制的ではなく自発的に話せる環境にしてくれたことで、自分に対して気づくことが多かった。例えば、何も言えなかった時は、そこに対して自分があまり深く理解できていないんだなと気づいた。また、伝えたいことを伝えるという姿勢も授業を通して鍛えられた。自発性を大切にしつつも、誰かを放っていくのではなくいつも全員に機会を提供し続けていて、すべての話が大切で丁寧に聞くという環境が、話したいとも聞きたいとも思わせてくれた。

　［筆者の考察］教師の権威による強制性をできるだけ削減したいと思い、ファシリテーターとして受講生に接することが、ある一定の成果を得ているように思えるので、私も少し安堵しています。社会において（指名されなくても）主体的に発言できる市民芸術家になってもらいたいとの思いがありますが、本学では、十数人～20人ほどの少人数クラス編成だからこそ、体験的に実践練習を積むことが可能であると強く思います。

6) 改善のための提案について

・1人で考える時間を多く設けてから、グループディスカッションの場を設ける方が良いと思う。

・クラスの中からなかなか意見が出ない時に、長いこと沈黙が続くと逆に発言しにくいと思ったので、先生からどんどん指名してもいいのではないかと思う。

・メンバーの問題かもしれないが、4月中あるいはゴールデンウイーク明けぐらいまでは学生どうしの交流を増やすアクティビティがあれば良かったと思う。

・学年も歳も違うことから、グループでディスカッションをしても話しにくかったり、発表の段階になっても誰も発言しない、のようなことが起きたのかもしれない。クラス全体がもう少し親睦を深められたらまた授業の質も上がるかもしれない。

[筆者の考察] まずは、提案型の批判を多く出してくれていることに敬意を表したいと思います。その上で、私の教育方針として、主体的な市民芸術家になっていくことを目標に掲げていることがあり、指摘をどう受けるかは私自身の課題だと感じています。発言したい人が発言する力を身に付けるということは、実質、受講生の発言を根気よく待つことにもつながってしまい、最初の何回かの授業では多少の話しにくさが感じられたのだと解釈しています。提案のように、もう少し受講生の発言に対する敷居が低くなるよう、アクティビティ等の工夫を盛り込む必要があるのかもしれません。

7) その他

・何か問題が起きた時、そこには白と黒で分けられるようなシンプルなものではなく、複雑な要因があるということをまず学んだ。その複雑さを両者が知っていくことが和解においては重要であり、そのために話し合いの場が必要だ。しかし、ただの話し合いでは売り言葉に買い言葉で終わったり、さらに

関係が悪くなることがあるので、準備が何よりも大切であり、その役割を果たすのが修復的正義だ。そのプロセスにおいて、ニーズに応えることがポイントであり、進んでいくにつれて相手を人間化したり、何かが大きく変わる瞬間があると理解した。相手に対しても、また自分の内面に対しても質問を準備することが状況を良くする効果的な方法で、特に相手を理解する時には質問と想像のコンビネーションがとても大きな力を持つのではないかと思った。

［筆者の考察］6までの質問項目にて書ききれなかったことを、さらに深めて表現していることに敬意を表します。ただ、ここまでの学びを達成した学生もいる一方で、今回紹介している2つの授業に、途中で参加を取りやめた受講生も存在することにも言及しなければなりません。そして、ここでのフィードバックは、授業を最後まで完遂した受講生のものであり、評価対象ではないと明言したものの、記名式であることも忘れてはならない、と私自身に言い聞かせています。記名式にした理由は、責任を持って主体的に応答して欲しいとの思いからですが、無記名式であればもっと批判的なフィードバックを出しやすいであろうことは承知しています。すなわち、1学期の集中的・持続的な学びの意味を評価してくれた受講生からのフィードバックであり、一定の信頼関係が構築された中での自由記述であるということは、意識しながら受け止めたいと考えています。

6．おわりに
——平和教育現場でのファシリテーションによる対話の試み

　本章では、平和学におけるファシリテーション理論、対話を軸としたストーリーテリングと芸術アプローチの紹介、そしてそれらがどのように授業において実践されているかについて書きました。

　一般的に、平和学における教育は「平和教育」と呼ばれ、暴力を削減し、平和を創造することを目標に実践されることが多いでしょう。古今東西の戦争や

南北格差などの構造的暴力をテーマにすることも多く、暴力をどう理解し対応するのかについて考察することが想定されます。その目指すところは、学習者が社会に主体的にかかわり、批判的な視座を身に付け、積極的に社会変革に携わるといったところでしょうか。

その中で、「教師」は得てして、自身の「正解」「正義」に基づいて教え込み、時として誘導しがちです。それは単なる導きを超えて、極端な場合は、あまりにその思いが強すぎるために学習者に疑問を抱かせない、あるいは、学習者の疑問を徹敵的に論破する、などということにもつながりかねません。すなわち学習者を「洗脳」することには、教師はある種の誘惑を感じることがあるのではないでしょうか。

本来、自由な安心・安全が保証される学びの時空間がなければ、学習者としての主体性は刺激されないし、自分事として社会課題に取り組むことは難しいのではないかと考えます。学習者の疑問を制限・否定することは、自由に発想することを萎縮させてしまいかねません。疑問を持つことが禁忌であり、疑問は即座に否定・論破されるという環境、もっと言えば、教師の能力や権威を見せつけられるようでは、安心した学びは困難です。

ましてや「平和学」とは批判的に、しかし建設的に物事を見る力が重要、と考える学問領域です。「教師（teacher、教える人）」として、情報や知識の伝達は重要な仕事です。しかし同時に、「促進者（facilitator、促進する人）」として、参加者・受講者・学生の中から多様なものを引き出すことが求められます。そこでは、そもそもの答えや正解があってそこに到達するというのではなく、受講生の中にある考え・思い・感情・希望や絶望などを無理なく強制なく引き出します。

また、平和学の学びにおいて、批判的な目を養うためには、戦争を中心とする暴力、それも直接的暴力の批判に留まらず、構造的・文化的暴力を範疇に入れることも重要です。そうして消極的平和を目指すわけです。また、一方で積極的平和を実現するためにも、平和をどう構築するかについても、批判的・創造的に対応する能力を養わねばなりません。そこでは、コンフリクトの解決・転換の能力は必須です。

本章で検証した教師によるファシリテーションが学びの現場において意味を

第3章　平和学授業におけるファシリテーション

持つとするならば、それは、受講生（学習者）に対する根源的な信頼の感覚を保持することだと考えています。受講生どうしの、また、受講生から教師／ファシリテーターへの信頼を構築することは困難であることは事実ですが、目指したいものです。そして、それ以上に、教師／ファシリテーターから受講生に対する「大丈夫、この人たちはきっと前に進む」との確信とでもいうべき感覚を教師／ファシリテーターが持続的に持ち続けることが肝要だと、長年の経験から学んできました。平和学（平和ワーク）の1つの学びのあり方が、こうして徐々に展開していきます。信頼の感覚の中で初めて、語り手や聴き手が一緒になって平和ワーカーへと変容していくプロセスが開始すると信じています。

　近年、日本社会では、一般に、「ファシリテーション」や「ストーリーテリング」といった本章でカギとなる概念が、スキルのレベルにおいて語られ利用され、ときには「消費」されていることに思いを馳せます。よりよく司会進行するために、プレゼンテーションを上手くできるように、コミュニケーションを円滑に進めるために、などは確かに重要です。それらを全面的に否定するつもりはありません。しかし、本章で検証したことは、「教師による／授業のファシリテーション」という視点から、平和学の授業で重視してきたのは次のことであったと言えましょう。スキルのレベルよりももっと根源的に重要なことは、すなわち、受講生自身の抑圧された感情や思考を開くために、また他者のそれらを受け止めるために、さらに、対話を実践できる人となっていくために、学ぶということです。そして、しっかりとお互いに関与・関係・信頼を結ぶためにこそ、コミュニケーションするのだということです。今後も、小規模大学における少人数クラスならではの「主体的・対話的で深い学び」（アクティブ・ラーニング）が実現する授業を目指して、平和学分野においての授業実践を続けていきたいと日々考えているところです。

注
1）「平和学（peace studies）」は、「平和紛争学（peace and conflict studies）」とも呼ばれ、平和の追求のみならず、紛争の解決・転換といった概念を重視する。
2）　平和学では、「平和」とは「消極的平和」と「積極的平和」に分類される。消極的平和＝直接的暴力／構造的暴力／文化的暴力の不在、であり、積極的平和＝

97

直接的平和／構造的平和／文化的平和の存在・構築、である。すなわち、平和を暴力の否定という側面から捉えると、3種類の暴力が不在または削減という意味において、消極的に定義された平和概念が可能となり、それに加えて暴力の不在というだけではなく、その上に新たな暴力化を阻止する何か積極的なものが生成された状態やその過程を指す概念も必要となる。消極的平和と積極的平和の両方が統合されて初めて、平和の全体像が現れる。

3）　ここでのストーリーテリングは、対話を実現するための芸術アプローチの1つであり、第5章にあるうえの式質的研究法の1つの分析ステップを表すストーリーテリングとは異なる。

4）　ここでの議論は、次から一部を転用、加筆している。
奥本京子・前田美子・中西美和・船越多枝・関根聴・上野育子（共著）（2022）「ファシリテーション研究とは何か──6つの学問領域における先行文献レビューを比較して」大阪女学院大学『紀要』第18号：pp. 21-35

5）　コンフリクトは、日常に生活する中で（ミクロレベル）、社会生活において（メゾレベル）、国家・国際関係において（マクロレベル）、それより大きな概念等の中で生きていく中で（メガレベル）、各レベルにおいて生起する。ミクロレベルのコンフリクトは個人の心の中の葛藤をも含むし、メガレベルでは地球環境問題などは代表的なコンフリクトと言える。「コンフリクト」との用語は、日本語では、レベルや文脈によって「葛藤」「摩擦」「齟齬」「揉め事」「対立」「紛争」等と言い換えることができる。よって本章では、レベルが明示的な場合には日本語を用いる場合もあるが、レベルを問わない議論の場合には「コンフリクト」を用いることとする。

6）　拙稿（2024）「紛争を転換する能力の育成──バイナリーを越えて平和アプローチへ」『共生社会の大学教育』（山地弘起編著、東信堂：pp. 97-120）を参照のこと。

7）　紛争（コンフリクト）を転換するという概念は、平和学・平和紛争学における基礎概念の1つである。本章では、日本語では「転換」「変容」「変革」などと多様に翻訳されてきた「トランスフォーム（transform）」とのカタカナ表記を採用する。

8）　詳細については、日本平和学会ウェブサイトに掲載されている平和教育プロジェクト委員会によるページ、https://www.psaj.org/about-psaj/committees/edu-project/ を参照のこと。このプロジェクトは2014年から8年間に亘り活動し、その成果が掲載されている。筆者は当委員会の委員（2014～2015年の第21期には委員長）であった。

9）　例えば、次を参照されたい。
奥本京子（2022）「平和教育のためのファシリテーション・アプローチ」高部優子・奥本京子・笠井綾編著『平和創造のための新たな平和教育──平和学アプロ

ーチによる理論と実践』法律文化社

10） ここでの議論は、次から一部を転用、加筆している。

奥本京子（2019）「ストーリー（もの語り）が持つ意味——平和ワークにおいてファシリテーションが何をなしうるか」大阪女学院大学『紀要』第15号：pp.1-15

11） 日本語訳は筆者による。

12） ここでの議論は、次から一部を転用、加筆している。

奥本京子（2019）「ストーリー（もの語り）が持つ意味——平和ワークにおいてファシリテーションが何をなしうるか」大阪女学院大学『紀要』第15号：pp.1-15

13） 日本語訳は筆者による。この "Acting Together on the World Stage" というプロジェクトは、書籍2巻と映像DVD 1枚という目に見える成果を出した。John O'Neil によるパフォーマンスは映像DVD に収録されたものである。詳細は次を参照のこと。http://www.brandeis.edu/ethics/peacebuildingarts/actingtogether/ または http://actingtogether.org/

14） 日本語訳は筆者による。

15） 日本語訳は筆者による。

16） 日本語訳は筆者による。

17） 日本語訳は筆者による。

18） 笠井綾「平和教育におけるクリエイティブ・アーツの役割」（高部優子・奥本京子・笠井綾編著『平和創造のための新たな平和教育——平和学アプローチによる理論と実践』法律文化社、2022）によれば、「アートというと多くの人が、絵や彫刻などの造形、工芸、デザイン、建築、映像、演劇、ダンス・ムーブメント、音楽、物語、詩、散文、祭りや儀式、料理などさまざまな表現媒体を思い浮かべる」だろう（p. 31）。笠井が平和教育の場面において扱う「アートとは思考方法」であり、「感じる、知る、考える、想像する、創造するなどを含み、またそれを表現し、伝え合い対話するコミュニケーションの手段」であるという（p. 31）。笠井がクリエイティブ・アーツと呼ぶ「『美術』や『芸術』といった学科の領域だけでなく、教育の他の領域や、臨床、福祉、社会変革などの分野に応用し、ファシリテーションに用いること」（p. 31）との発想を、本章でも採用したい。私は、そういったファシリテーションの方法をこれまで「芸術アプローチ」と呼んできたが、確かに「芸術」は「堅い」既成概念に囚われかねない用語でもあり、本章では「自由で形式に囚われない芸術」と同義で「アート」との文言を採用している。

19） 詳細については、奥本京子（2012）『平和ワークにおける芸術アプローチの可能性——ガルトゥングによる朗読劇Ho'o Pono Pono: Pax Pacifica からの考察』（法律文化社）を参照のこと。

20） 詳細については、Howard Zinn（2003）Artists in Times of War, New York: Seven Stories Press を参照のこと。

21) 拙稿（2024）「紛争を転換する能力の育成——バイナリーを越えて平和アプローチへ」『共生社会の大学教育』（山地弘起編著、東信堂、pp. 97-120）を参照のこと。

22) 平和学を基盤としたサークルプロセスの本格的な活用の実践については、下記に東北アジア地域平和構築インスティテュート（NARPI、http://narpi.net）の例が掲載されている。
奥本京子（2019）「ストーリー（もの語り）が持つ意味——平和ワークにおいてファシリテーションが何をなしうるか」大阪女学院大学『紀要』第15号：pp.1-15

23) 「私メッセージ（I message）」とは、「私」を主語にして自分の感情を素直に表現する方法のことである。日本語の場合、「私」を明示せず話すことも多いので、特に「私は……」という必要はないが、自分自身の気持ちに焦点を合わせて率直に語ることを練習すれば、相手を非難・批判したり相手に説教・命令したりすることなく、本当に伝えたいことを伝えられるようになるとされ、関係性のトレーニング等でよく活用されるコミュニケーションの1つの手法である。

24) ここで紹介している授業で活用しているアニメは、次の通り。
教育アニメーション『ジョニー＆パーシー』『鬼退治したくない桃太郎』（Be-Production制作、https://www.bepro-japan.com/）解説書『みんながHappy になる方法——関係をよくする3つの理論』（平和教育アニメーションプロジェクト編、平和文化、2012）
テキストは次の通り。
Umbreit, Blevins, & Lewis, *The Energy of Forgiveness: Lessons from Those in Restorative Dialogue.* Cascade Publications, 2015

25) 授業で用いるドキュメンタリー映像は、例えば、下記である。①ルワンダについては、「ＢＳ世界のドキュメンタリー シリーズ　和解への模索 "償い"と"赦（ゆる）し"の家造り』」NHKデジタル衛星第1、2008年11月27日放映、②「明日世界が終わるとしても『虐殺を越え"隣人"に戻るまで～ルワンダ・佐々木和之～』」NHKデジタル衛星第1、2017年3月16日放映、③北アイルランドについては、「ＢＳ世界のドキュメンタリー シリーズ　和解への模索『憎しみは越えられるか～北アイルランド紛争　対話の旅～』」NHKデジタル衛星第1、2008年11月26日放映、などである。他にも、④イスラエル・パレスチナにおける2人のティーンエイジャーをめぐるドキュメンタリー「ＢＳ世界のドキュメンタリー シリーズ　和解への模索『エルサレム　ふたりの少女～自爆テロ　母たちの対話～』」NHKデジタル衛星第1、2008年11月24日放映、⑤南アフリカのアパルトヘイトによる加害者と被害者との和解を目指す「真実和解委員会」の試みについてのドキュメンタリー「ＢＳ世界のドキュメンタリー シリーズ　和解への模索『赦（ゆる）すことはできるのか～南ア真実和解委員会の記録』」NHKデジタル衛星第1 2008年11月25日、な

どである。加えて、「桃太郎」を多角的に見るための教材は、上記アニメに加えて、「昔話法廷『"桃太郎"裁判』」NHKデジタル教育 3、2021年03月29日放映など。なお、授業で視聴する映像は、その時々に応じて選択している。Acting Together のDVD については、注12 を参照のこと。

26）　受講生には「成績評価の対象にはならない」と伝えた上で、記名式で、感想を書き出してもらった。受講生はまた、これが研究分析の対象となる可能性があることに、承諾している。項目は 7 つあり、一部、明確化するために加筆修正したり、英語から日本語に翻訳したり、「だ・である」調に統一している。

引用文献

奥本京子（2012）『平和ワークにおける芸術アプローチの可能性──ガルトゥングによる朗読劇 *Ho'o Pono Pono: Pax Pacifica* からの考察』法律文化社

奥本京子（2019）「ストーリー（もの語り）が持つ意味──平和ワークにおいてファシリテーションが何をなしうるか」大阪女学院大学『紀要』第15号, pp.1-15

奥本京子（2022）「平和教育のためのファシリテーション・アプローチ」『平和創造のための新たな平和教育──平和学アプローチによる理論と実践』高部優子・奥本京子・笠井綾編著, 法律文化社

奥本京子・前田美子・中西美和・船越多枝・関根聡・上野育子（共著）（2022）「ファシリテーション研究とは何か──6 つの学問領域における先行文献レビューを比較して」大阪女学院大学『紀要』第18号, pp. 21-35

ガルトゥング, ヨハン（2000）『平和的手段による紛争の転換【超越法】』伊藤武彦編, 奥本京子訳, 平和文化

ガルトゥング, ヨハン（2005）「ホーポノポノ『アジア・太平洋の平和』（Pax Pacifica）」,『トランセンド研究──平和的手段による紛争の転換』奥本京子, 藤田明史, 中野克彦訳, 3.1, 3-13.

ガルトゥング, ヨハン（2014）『ガルトゥング紛争解決学入門──コンフリクト・ワークへの招待』藤田明史・奥本京子監訳, トランセンド研究会訳, 法律文化社（原著出版, 2004）

ゼア, ハワード（2008）『責任と癒し──修復的正義の実践ガイド』森田ゆり訳, 築地書館（原著出版, 2002）

東北アジア地域平和構築インスティテュート, 2018年9月25日, http://narpi.net

日本平和学会, 平和教育プロジェクト, 2018年9月25日, https://www.psaj.org/平和教育プロジェクト/

平田オリザ（2001）『対話のレッスン』小学館

ボアール, アウグスト（1984）『被抑圧者の演劇』里見実・佐伯隆幸・三橋修訳, 晶文社（原著出版, 1975）

ミンデル, アーノルド（2013）『ワールドワーク——プロセス指向の葛藤解決、チーム・組織・コミュニティ療法』富士見ユキオ監訳, 青木聡訳, 誠信書房（原著出版, 1989）

ローゼンバーグ, M. B.（2012）『NVC 人と人との関係にいのちを吹き込む法』安納献監訳, 小川敏子訳, 日本経済新聞出版社（原著出版, 2003）

Cohen, C.E. and A. Lund（2011）*Acting Together on the World Stage: Performance and the Creative Transformation of Conflict* [DVD], Cambridge, MA.

Cohen, Cynthia E. and Allison Lund（Editors）.（2011）*Acting Together on the World Stage: Performance and the Creative Transformation of Conflict* [DVD]. Cambridge, MA.

Kraybill, R. & Wright, E.（2006）*The Little Book of Cool Tools for Hot Topics: Group Tools to Facilitate Meetings When Things Are Hot*, Good Books.

Monk, G. and J. Winslade（2013）*When Stories Clash: Addressing Conflict with Narrative Mediation*, Taos Institute Publication.

Pranis, Kay.（2005）*The Little Book of Circle Processes: A New/Old Approach to Peacebuilding*, Intercourse: Good Books.

Schirch, Lisa and David Campt.（2007）*The Little Book of Dialogue for Difficult Subjects: A Practical, Hands-on Guide*, Intercourse: Good Books.

Senehi, J.（2002）"Constructive Storytelling: A Peace Process," *Peace and Conflict Studies*: Vol. 9: No. 2, Article 3.

Shook, E. Victoria.（1985）*Ho'ponopono: Contemporary Uses of a Hawaiian Problem-Solving Process*, Honolulu: University of Hawai'i Press.

Zehr, Howard.（2002）*The Little Book of Restorative Justice*, Intercourse: Good Books.

Zinn, Howard.（2003）*Artists in Times of War*, New York: Seven Stories Press.

> コラム②
> **大阪女学院でファシリテートされたある卒業生の話**
>
> 汐碇 直美

「その後、イエスは出て行って、レビという徴税人が収税所に座っているのを見て、『わたしに従いなさい』と言われた。彼は何もかも捨てて立ち上がり、イエスに従った。」（ルカによる福音書5章27～28節）

　私にとって大阪女学院との出会いは、人生の大きな転換点となりました。私の人生そのものが、女学院との出会いによって「ファシリテート」された、そう言えるように感じています。人と出会うことを喜べるようになったのも、神さまの愛を知ってキリスト者として歩み出したのも、すべてのきっかけは大阪女学院にありました。クリスチャンとなり、聖書やキリスト教のことをもっと知りたいと思った私は、短大卒業後は関西学院大学神学部に編入学、後に大学院へも進学しました。そして最終的には牧師として、神さまと人に仕える道へと導かれたのです。

大阪女学院のチャペル内部

今の私をよく知ってくださっている方にはかえって驚かれるのですが、私にとっての「原体験」は、小・中学校時代に受けた、いじめの経験にあります。友だち作りも学校行事の類も、大の苦手。不登校になりかけたり、時々保健室に逃げ込んだりしながら、何とか学校に行き続けていました。高校生活は良く言えば「リハビリ」のような、人生の移行期間でした。「根暗」な自分を何とか変えようと努力はしていたものの、よく空回りしていたことを思い出します。

　そんな私でしたが、高校でようやく夢中になれるものを見つけました。それが英語です。学校の先生に勧められて大阪女学院短期大学のオープンキャンパスに参加した私は、女学院に「一目ぼれ」しました。英語「を」ではなく、英語「で」学ぶという姿勢。自由な空気。生き生きとした在校生の様子。「絶対にここに行きたい！」と意気込んだ私の受験は、女学院一本勝負でした。

　とは言え、女学院に入学した時点で別人のように生まれ変わったのかと言えば、そんなことはありません。入学当初は、新しい出会いにすんなり溶け込んでいけるのか、不安と緊張感をいつも抱えていたことを思い出します。時間が経つにつれて、だんだんと仲のいい友人たちもできていきましたが、女学院の不思議なところは、グループが固定化することがなく、変幻自在に誰とでも一緒にいることもできれば、一人でいても決して周囲から浮いたりしないところです。これは高校までは決して味わえなかった空気感で、私は何とも言えない居心地の良さを感じるようになっていました。そして気がつけば、新しい人との出会いを恐れるのではなく、むしろ喜びと感じるようにまで、変えられていたのです。

　ところで、「ファシリテーション」という言葉は在学中も幾度となく耳にしていましたが、この度改めて意味を調べてみました。Cambridge Dictionaryで facilitate を引くと、"to make something possible or easier"[1] とあります。また、日本ファシリテーション協会のホームページには「ファシリテーション（facilitation）とは、人々の活動が容易にできるよう支援し、うまくことが運ぶよう舵取りすること」[2] と記されていました。何か具体的な活動において「ファシリテーション」という言葉は用いられることが多いようですが、私自身が女学院と出会ってファシリテートされたのは、やはり私の人生そのものであったと思えてなりません。

コラム②

　聖書には、イエス・キリストと出会ったことで、もう一度立ち上がる力を得た人たちがたくさん登場します。例えば、ルカによる福音書５章にはレビという徴税人が登場します。私がつい自分自身の姿を重ねて読んでしまう内の一人です。当時イスラエルの国はローマ帝国の支配を受けていて、徴税人が集める税金は、その敵国ローマに収められていました。つまり徴税人は憎き敵国の手先として、人々から嫌われていたのです。そんな徴税人の一人レビはイエスさまと出会った時、収税所に座り込んでいました。仕事を持っていたレビは生活には困っていなかったかもしれませんが、自分の人生に満足していたかと言えば、おそらくそうではなかったのでしょう。その証拠に、収税所でレビを見たイエスさまから「わたしに従いなさい」と言われた、そのたった一言で、彼は何もかもを捨てて立ち上がり、イエスさまについていったのです。外から見ていると、「そんなにあっさり人を信用するなんて」と不思議に、あるいは不審に思うかもしれません。しかし聖書はこう記しています。「イエスは…レビという徴税人が収税所に座っているのを見て」(27節)。誰も気に留めていなかった、座り込んでいたレビの存在に、イエスさまだけが目を留められた。人々から眼差しが向けられることがあったとしても、それは苦々しい、あるいは憎々しいものであったに違いありません。しかしイエスさまがレビを見つめる眼差しは全く違ったのです。ただ真っ直ぐに、ありのままのその人を見、受け止めようとする眼差しです。そして、レビが周りから嫌われているとか、そんなことは一切気にせず、イエスさまは彼を自らの弟子として招かれました。嫌われ者として人生を歩んできたレビにとって、この真っ直ぐな眼差しが、そしてこのたったひと言が、どれほど嬉しかったことか。レビが何の迷いもなくイエスさまの招きに応えたのは、彼の喜びの表れに他なりません。

　レビはイエス・キリストとの出会いによってファシリテートされ、もう一度立ち上がることができました。自分の足で、人生を力強く歩み出すことができたのです。大阪女学院でたくさんの友人たちと先生方、そして神さまに出会った私が経験したことも、全く同じであったと感じています。同窓生や女学院スタッフの中にも、この私の気持ちに同調してくださる方がきっとたくさんおられることでしょう。これからも大阪女学院が、そこで学ぶお一人おひとりの学生たちをファシリテートする場として、そして学生たちがお互いにファシリテ

105

ートし合う場として、神さまによって豊かに用いられますように、心よりお祈りしています。

注
1） https://dictionary.cambridge.org/ja/dictionary/english/facilitate
2） https://www.faj.or.jp/facilitation/

チャペル正面を望む

第4章

グループ課題の取り組み
から見えてきた
ファシリテーション

関根 聴

1．はじめに

　本章では、本学で開講している授業について紹介をしていきたいと思います。私は大学において社会学関連の授業を担当してきました。社会学とは、個人間で行われる行為や、集団と集団や個人と集団のかかわりなどを見つめ、人間と人間がどのような形で関係性を形成したり保ってきたのか、またどのように組織や社会が形成されるのか、などを考え捉えていく学問の1つです。

　ここでは、こうした社会学の視点からの教育アプローチをしてる授業、「ジェンダーからみた現代社会」を取り上げます。この授業ではグループ課題として絵本制作のプロジェクトが課せられています。その制作過程において、グループ内でのファシリテーターやメンバーのかかわりや動きについて、プロジェクト終了後に調査をしており、その結果から制作過程における相互行為を見つめ考察をしていきます。2節では社会学におけるファシリテーションの先行研究について紹介し、3節では本授業のねらいと課題についての説明、グループやファシリテーターの形成過程について説明をしています。4節以降は調査

の概要、そして調査結果からの考察として、課題遂行の場であるグループの環境や取り組みについての分析、話し合いの場の状況やファシリテーターの動き、ファシリテーターやメンバーに対する思いや評価、グループ内での自分のかかわりについて自己分析、ファシリテーターの働きなど、調査の回答から見えてくることについて記述していきます。

2. 社会学におけるファシリテーションに関する先行研究[1]

　社会学ではそれ故に、他者との関係性や相互作用に焦点を絞った研究は多いのですが、その中でも、ファシリテーションという言葉との関連性で調べていきますと、この領域内での研究がまだ浅いことを実感します。本節では、はじめに少ない先行研究をたどりながら、社会学の分野から見たファシリテーションの位置づけや方向性について考察していきたいと考えています。

　中澤秀雄は、ファシリテーターの役割について、次のように理解しやすくまとめて述べています。

　　その場で観察し見抜き、即興も含めて運営方法を臨機応変に考え、その場の化学反応を促すような道具箱を多数持っていなければならない。どのような観客がその場にいて、何を求めており、逆に話を提供する側はどんなスキルやコンテンツを持っていて、それをどのように展開させると最大のパフォーマンスを発揮するのか。どのように話の順番を組み立て、どのように司会が介入し、どのように場の定義を説明すると参加者の満足度が高まるのか。さらには、どうすれば創発的な場となり、新しい価値が生み出されるのか。これら正解のない問いに対する、「いま・ここ」での最適解を瞬時に判断し、参加者が納得するような場の定義を与え、時間・空間・コミュニケーションという有限な資源をコントロールしていく、この高度な職人芸がファシリテーション技術である（中澤、2016：6）。

　ここから、ファシリテーションとは、場を見抜くという観察力、場に働きか

けることのできる力、場の組み立てや定義を与えることにより参加者の満足感を高めることなど、グループコントロールという側面と、参加者の満足や納得の場の提供という奉仕の側面が見えてきます。

他方、井上義和（2018：8）は、「ファシリテーターの本来の役割は、（全体を特定方向に誘導する）場の支配ではなく、（各人の可能性を存分に発揮させる）場のホールドである。"コミュ力"がコミュニケーションを支配抑圧する弱肉強食の世界から、"ファシ力"でコミュニケーション格差を最小化する自由と創造の世界に移行できる」、また「特定の人物（ファシリテーター）に権限を委譲するかわりに、メンバーには自由と創造のコミュニケーション環境が保障される」と述べています。

これらの先行研究から、ファシリテーションは時間や空間を参加者間で共有すること、他者と協働することが前提となっています。さらに付け加えるとすれば、参加集団内の対等性の確保、方向性や目標の共有、自由な議論、規範の設定による場（環境）の保持なども、その機能として必要になると考えられます。

こうした先行研究が指し示している、ファシリテーターの役割や、ファシリテーターに求められる能力が実生活のなかでどのように表れてくるのかを注視をしていきたいと考えています。具体的には大学の授業における学生同士のかかわりのなかで、ファシリテーターの役割や能力が、どのような形で表れるのか、またファシリテーターとメンバーとの相互作用のなかで、どのような感情が立ち上がり、悩みや苦痛を感じているのか、また喜びや、達成感を経験しているのかを、以下で具体的に考察していきたいと思います。

3．授業の概要と学生ファシリテーター

今回取り上げます「ジェンダーからみた現代社会」の授業では、現代社会における、ジェンダーによる棲み分けというシステムやチカラの関係性が、人の生き方を左右したり、選択肢を狭めたりすることがあることや、ジェンダーという価値観が、私たちの普段の社会生活にどれだけ密接にかかわっているか、またその価値観に支えられた制度によって、どのように操作されているのかを

考察し思考をしていく授業となっています。

　加えてジェンダーに関する事柄について見抜く力を身につけながら、ジェンダーに縛られず自分らしく生き、社会を支える一人として、歩んでいくための力を身につけていくこともその目的となっています。

　この授業内では課題として、ジェンダー・イクオリティ（Gender equality）の絵本の制作を、授業実施全期間のプロジェクトとして受講生に求めています。この課題は個人作業ではなく、グループでの制作になっており、ファシリテーションを体験しながら、絵本制作のプロジェクトを進めていく過程となっています。この課題には次の３つのねらいが用意されています。１つ目は、大学生としてジェンダー・イクオリティの絵本を日本語、英語、そして留学生も受講していることから、アジアやアフリカ圏の言語による表現もできるように、第２外国語を使っての翻訳や表現を行い世界に向けて発信できること、２つ目は既に身につけているジェンダーという社会的・文化的価値観や規範の強さを体験することや、その価値観や規範から自由になることの難しさを体験すること、そして３つ目は、小規模な大学である特性を生かし、女性同士が対等な立場でメンバーとなり参画し、作品を仕上げるというプロジェクトを遂行する体験をすることになります。まだまだ実社会では、女性のみでのプロジェクト集団が形成されたり、組織環境が成立することは少ない状況にあります。そこで本学は女性大学であることから、女性のみでの参画環境を作りました。その体験や環境の中で、彼女たちが今後、性別にかかわらず十分に発揮するチカラの醸成にも結びつけたいという願いもあります。

　今回は特に３つ目のねらいの、学生が先輩後輩の区別なく対等な立場でプロジェクトメンバーとなり、作品を仕上げるという過程で起こる、学生同士のファシリテーションを通じたかかわりを中心に考察をしていきます。

　最初の段階では、グループを作る作業を、授業時間を用いて行います。プロジェクトのグループを作るにあたって教員からのアナウンスとしては、６〜12名程度のメンバーで構成することのみが条件であることを伝えます。その上で学生たちは、自ら誰と組むかを考え、他者と交渉をしながらメンバーを組んだり、他のメンバーに加わったり、小集団同士が結合したりしながらグループが形成されていきます。結果として、２年生から４年生の学年や国籍も違うグル

ープ、大学コンソーシアム（地域の大学間連携や単位互換制度を推進する法人）を介して受講する他大学の学生もいますので、所属大学も違うというグループも形成されます。

　グループが成立した後には、フリーライダー[2]が生じないように「私は、決して他人まかせにすることなく、同じグループのメンバーと連絡を頻繁に取り合い、また互いに協力をして、本講義の課題「ジェンダー・イクオリティの絵本制作」に取り組みます。」と学生に宣誓をしてもらいます。

　グループのメンバー間の連絡は、大学から提供される E-mail、LINEグループなどで連絡を取り合えるようにしています。話し合いや制作については、授業内で与えられる時間をはじめ、授業の前後や、課外の時間を使って実施していきます。

　その次に、グループのメンバーの代表として、2名のファシリテーターを選出する作業に入ります。グループの形成初期から、互いに責任を持って参画する環境作りとして、じゃんけんやくじ引きによる選出方法は禁止にしており、メンバー相互の話し合いによって選ぶことを、教員からアナウンスしています。

　すべてのグループがファシリテーターを選出した後に、絵本制作に関する手引きが配られます。その手引きを通して学生は、作品完成までの流れ、グループの中での細かな役割配分、デジタル作画のための App の紹介と使用方法、Power Point ファイルの作成、YouTube への音声付き絵本のアップ、著作権に関するルールや禁止事項などを確認します。そして最後に、前年度までこの課題を行ってきた先輩たちからの、「絵本を創り終えた先輩からの感想、皆さんへのアドバイス――絵本制作の成功のカギ」という A4 で約20ページの体験談やアドバイスを読み、各グループでの絵本の制作がスタートします。制作過程に入ると、グループ内のファシリテーションが滞る時や、不安定になることも生じます。学生間で行き詰まった時には、介入役割としての教員によるグループ全体へのファシリテーション、ファシリテーターの相談役としてサポートなどを行っていきます。

　以下では、グループのかかわりのなかで、どのように互いを支え制作過程を過ごしたのかを、制作終了後の調査を通して分析を行っていきます。

4．調査の概要

4.1.調査の期間及び対象

　本調査は、2022年4月及び2023年4月に開講された、「ジェンダーからみた現代社会」を受講した学生48名を被調査者として、15週目の最終講義後、集団調査法によって実施しました（回収率91.7％）。

4.2.調査項目の選定

　本調査の項目作成にあたっては、2008年度に発表された、日本ファシリテーション協会実施の「ファシリテーション普及実態調査 一般向けアンケート調査報告」を一部改変し利用しました。グループの環境を考察することや、活動が停滞したり、うまく進まなかった際の要因を探るために、特に実態調査の「2－2会議の健全性について」の25項目の質問を使用し、一般社会人の関係性（上司や部下、根回し）に関する質問などは、大学生の関係性に置き換えたり、一部不使用としたり、新しい質問を加えたりして、最終的に以下の26項目を質問（リッカート尺度5件法）として決定しました。質問の問いかけについては1から22項目までは否定的な問いかけ方、23項目以降は肯定的な問いかけ方になっています（表1参照）。

　表1に加えて、「ファシリテーターとグループの関係についての5項目」を、自由記述の質問項目として、「グループの動きに気づいたこと」、「ファシリテーターやメンバーとのかかわりを通して、私自身の動きや、気持ちについて気づいたこと」、「現在のグループ内での私自身を、何かにたとえるとしたらどのような表現になるか、またその理由」、「グループのファシリテーター・メンバーの働きについて、良いなと感じたり、変化したところ」、「このプロジェクト全体を通して自分に気づいたことや、得たこと」を加え、実施をしました。

第4章　グループ課題の取り組みから見えてきたファシリテーション

表1　会議の健全性に関する26項目

1. 何のための話し合いなのか、目的や内容がよくわからない
2. 進行が行き当たりばったりで、成果が出るのか不安だ
3. いつも同じレイアウトで、座る席も決まっている
4. グループに互いの意見を聞く気（ムード）もない
5. いつも時間通りに始まって、時間通りに終わっている
6. しらけムードがただよっており、意見があっても出そうとしない
7. いつも発言する人が決まっており、発言しない人もいる
8. 参加者同士が妨害や、足のひっぱり合いをしている
9. 「声の大きい者勝ち」や「言った者負け」がまかり通る
10. 会議中はホンネが出ず、終わってから意見が出てくる
11. 特定の人の話を、ひたすら聞かされている状態である
12. 他人の意見を批判したり攻撃ばかりしている人がいる
13. 思いつきや脱線ばかりで、話があちこちに飛んでしまう
14. 論点が明確ではなく、議論がぐるぐるまわる
15. 議論がかみ合っていないことが多い
16. 筋の通らない意見や意味不明の意見が平気でまかり通る
17. 意見の食い違いが個人攻撃にすりかわってしまう
18. あいまいな結論や次回への持ち越しが多い
19. 意見がまとまらず、時間をかける割には何も決まらない
20. 相手を説得したり、言い訳したりする場になっている
21. 同じ主張を繰り返すだけで、水掛け論になっている
22. 終了時に決定事項やアクションプランを確認していない
23. グループの会議は、いつもうまく運営されている
24. グループ内ではメンバーは、対等にかかわれている
25. プロジェクトの方向性や目標をグループ内で共有されている
26. メンバー内では、自由にコミュニケーションが取れている

5．会議の健全性に関する結果から見えてきたこと

　会議の健全性に関する26項目を見ていきますと、会議（グループ）が、健全であることを支持するデータが多いことが挙げられます（表2参照）。その支持が高いものを見ると、「8.参加者同士が妨害や、足のひっぱり合いをしている」という問いに対して、81.8％があてはまらない、ほとんどあてはまらないと回答をしていました。

　他にも「12.他人の意見を批判したり攻撃ばかりしている人がいる」、「16.筋の通らない意見や意味不明の意見が平気でまかり通る」、「17.意見の食い違いが個人攻撃にすりかわってしまう」、「20.相手を説得したり、言い訳したりする場になっている」、「21.同じ主張を繰り返すだけで、水掛け論になっている」という問いに対しては、80％以上があてはまらない、ほとんどあてはまらないと回答をしていました。ここから見えてくることは比較的安定した、話し合いや協議の場が保たれていたことが考えられますし、ファシリテーターやメンバーとの場を維持するという機能が働いていたことが予測できます。

　その他にも、健全性の支持が高かったものを挙げると、「1.何のための話し合いなのか、目的や内容がよくわからない」、「9.「声の大きい者勝ち」や「言った者負け」がまかり通る」、「10.会議中はホンネが出ず、終わってから意見が出てくる」、「13.思いつきや脱線ばかりで、話があちこちに飛んでしまう」、「14.論点が明確ではなく、議論がぐるぐるまわる」、「15.議論がかみ合っていないことが多い」、「22.終了時に決定事項やアクションプランを確認していない」という問いについては、70％以上があてはまらない、ほとんどあてはまらないといった、回答になりました。そして「25.プロジェクトの方向性や目標をグループ内で共有されている」という問いについても、70％以上が、かなりあてはまる、ややあてはまるという、ファシリテーション関係が、機能している可能性の高い結果となりました。ここからは目的がグループのなかで共有され、論点がはっきりしており、話し合いが迷走することもなく進んでいる様子や、本音で語り合える環境が整っていたことも見えてきました。

　他方、健全性を支持しない状況としては、次のようなものが挙げられます。

表2　健全性の項目に対する回答の割合（%）

設問番号	設問内容	かなりあてはまる	ややあてはまる	どちらともいえない	あてはまらない	ほとんどあてはまらない
1	何のための話し合いなのか、目的や内容がよくわからない	9.1	4.5	9.1	25.0	52.3
2	進行が行き当たりばったりで、成果が出るのか不安だ	13.6	15.9	4.5	20.5	45.5
3	いつも同じレイアウトで、座る席も決まっている	36.4	25.0	20.5	6.8	11.4
4	グループに互いの意見を聞く気（ムード）もない	4.5	13.6	20.5	13.6	47.7
5	いつも時間通りに始まって、時間通りに終わっている	15.9	18.2	29.5	20.5	15.9
6	しらけムードがただよっており、意見があっても出そうとしない	13.6	9.1	18.2	15.9	43.2
7	いつも発言する人が決まっており、発言しない人もいる	31.8	34.1	9.1	15.9	9.1
8	参加者同士が妨害や、足のひっぱり合いをしている	4.5	4.5	9.1	22.7	59.1
9	「声の大きい者勝ち」や「言った者負け」がまかり通る	6.8	4.5	13.6	15.9	59.1
10	会議中はホンネが出ず、終わってから意見が出てくる	0.0	9.1	13.6	22.7	54.5
11	特定の人の話を、ひたすら聞かされている状態である	9.1	15.9	13.6	15.9	45.5
12	他人の意見を批判したり攻撃ばかりしている人がいる	2.3	6.8	6.8	9.1	75.0
13	思いつきや脱線ばかりで、話があちこちに飛んでしまう	11.4	4.5	13.6	27.3	43.2
14	論点が明確ではなく、議論がぐるぐるまわる	4.5	9.1	15.9	15.9	54.5
15	議論がかみ合っていないことが多い	6.8	9.1	6.8	22.7	54.5
16	筋の通らない意見や意味不明の意見が平気でまかり通る	2.3	2.3	13.6	15.9	65.9
17	意見の食い違いが個人攻撃にすりかわってしまう	2.3	4.5	9.1	11.4	72.7
18	あいまいな結論や次回への持ち越しが多い	20.5	13.6	15.9	20.5	29.5
19	意見がまとまらず、時間をかける割には何も決まらない	11.6	20.9	14.0	32.6	20.9
20	相手を説得したり、言い訳したりする場になっている	2.3	4.5	9.1	20.5	63.6
21	同じ主張を繰り返すだけで、水掛け論になっている	2.3	4.5	11.4	20.5	61.4
22	終了時に決定事項やアクションプランを確認していない	6.8	11.4	11.4	29.5	40.9
23	グループの会議は、いつもうまく運営されている	20.5	34.1	29.5	9.1	6.8
24	グループ内ではメンバーは、対等にかかわれている	38.6	15.9	22.7	13.6	9.1
25	プロジェクトの方向性や目標をグループ内で共有されている	45.5	31.8	11.4	9.1	2.3
26	メンバー内では、自由にコミュニケーションが取れている	40.9	27.3	15.9	6.8	9.1

支持しないことが30％を超えた回答には、「18. あいまいな結論や次回への持ち越しが多い」という問いには34.1％が、かなりあてはまる、ややあてはまると回答をしていました。他にも、「19.意見がまとまらず、時間をかける割には何も決まらない」という問いには32.5％が、かなりあてはまる、ややあてはまるという回答となっており、更に「7. いつも発言する人が決まっており、発言しない人もいる」という問いには65.9％が、かなりあてはまる、ややあてはまるという回答をしていました。ここからは、すべてのメンバーがファシリテーターにしっかりとかかわれていなかった状況、もしくはファシリテーターが安全であり平等な議論の場を提供するために、苦労をしていたのではないかということも予測されました。

6．ファシリテーターとグループに関する結果から

6.1.グループでのかかわりを通して、「グループの動き」に気づいたこと

　ここでは自由回答をもとに、以下４つの視点（話し合いの場が築けていたか、制作作業過程の状況、話し合いの状況、ファシリテーターの働き）に分けて、グループの動きについて考察をしていきます。

　１つ目の視点として、物理的な話し合いの場を築けていたかを探りますと、「集まるメンバーが特定されているので、かかわりを持てるメンバーが限られている」、「集まる機会がなくメンバー全員で議論することがあまりない」、「ずっと特定のメンバーでしか集まれなかったが、参加できないメンバーに働きかけたところ別日に集まることができ、絵本の制作作業を進めてもらうことができた」、「グループの動きとして、ミーティングがあっても積極的に参加してくれなかったりと大変でした。役割を決める段階でも、何がしたいかという問いかけに対しても答えてもらえず、初めからプロジェクトを進めていくことが大変でした」といった回答がありました。学年や授業の時間割も違い、その中で集まることのできる時間を確保することの困難さ、また初めてのかかわりのなかでグループを始動することについてのしんどさなどが、回答から伝わってき

ました。

　2つ目に、制作作業過程の状況に関しては、「私たちのグループは絵の担当と文章の担当で分けてやっていたが、みんなきちんと自分の担当をこなしていると思う」、「途中からになったものの、ちゃんと役割を決めてそれぞれ分担して作業できていると思っていたのですが、人数が多いのもあり役割が偏ってしまうことがありました」、「できたことより、個々ができていない所ばかりを指摘される。また、ファシリテーターがすべての決定権を持っていた気がする」、「役割を決めて、シナリオからスタートで順番に効率よく完成まで進め、みんな協力して頑張ってました」、「グループの○○さんがものすごく働いてくれて、結構任せっきりになってしまっていた。しかし、みんなが1つの事に一生懸命、進んでいく過程が本当に楽しくて為になりました」といった回答がありました。協力的な分担のもと作業が進んだ側面と、役割に偏りができていて、頼りきりになってしまった部分、ファシリテーターからの叱責や、ファシリテーターの企画の遂行にあたっての焦りなども、回答から読み取ることができます。

　3つ目に、話し合いの状況については、「意見交換は活発に行われているし、出た意見に理解できない部分がある人には、わかるまで丁寧に説明したりして、わからない人を放っておかないグループだなと思った」、「困ったらこの人に聞こうという人がいて、その人がキャパオーバーにならないように、サポートする人や得意なことを自分の役割にする人や各々が責任もって動いていて、これがみんなで一緒に動くということなのかと思った」、「毎回話し合いの場は、対等に設けたつもりやけど、答えてくれる人もいれば、意見に賛同だけして答えない人もいた」といった回答でした。この回答からグループを維持しようとする傾向、そのための分担と話し合いと相互理解が見えてきます。またこのことが先に挙げた、制作作業にも影響していることも予測されました。

　最後の4つ目に、ファシリテーターの働きについて自由回答から捉えていきます。「ファシリテーターを先頭に、めちゃくちゃ話を進めてくれてやりやすかったです」、「ファシリテーターの子が軸となって、話し合いでの議題を決めてくれたので、スムーズに話し合いができたと思います」、「ファシリテーターがみんなをまとめていて、スムーズなやり取りができた。役割配分もやってくれて、自分はそれに一生懸命取り組むことができた。絵本を作るのも初めてだ

ったので、少し不安がありました。このメンバーで最後まで絵本を作れて達成感があり、楽しかったです」との回答がありました。ファシリテーターが一定の役割を遂行できていたことと、メンバーから信頼が寄せられていること、あてにできる存在であることが見えてきました。他方、「自分とファシリテーターがほとんどの話し合いになってしまって、周りが意見をほとんど出す環境ではなかったです。話をふったつもりでしたが自分にもたくさんの反省があります」といった、ファシリテーターとしての役割の遂行が、不十分であった側面も回答から得られました。

写真1　完成した絵本について発表する学生たち

6.2. グループでのかかわりを通して、「私自身の動きや、気持ちについて」気づいたこと

自由回答の中から、ファシリテーターやメンバーへの評価として、以下のようなコメントが見られます。「振り返ってみて、やはりファシリテーターの方の負担が大きかったかなと思うので、もっと負担を軽減できるような働きがで

第4章　グループ課題の取り組みから見えてきたファシリテーション

きたらよかったと反省しました。また、自発的に参加してくれないメンバーに対し、もっと早い段階からアプローチできたら全員が協力して作成に携わることができたのかなと思いました」、「あまりみんな時間割が合わなかったり、時間を作ることができなかったりしたけど、それを私が意見を出したり、ファシリテーターの方が動いてくれたりしました」、「ファシリテーターの手伝いはできていると思う」、「わからないことがあっても素直に尋ねられるグループだと思った」という回答がありました。グループメンバーから、ファシリテーターへの動きを観察していたことが読み取れるところ、ファシリテーターの仕事量や働きの内容について分析し考えているところ、また自分自身の働きとファシリテーターの働きをクロスさせ比べているところなどが、浮かび上がってきました。

　逆に、ファシリテーターとしての自分自身の働きが、どうだったのかをふりかえるコメントも見られました。「自分がファシリテーターなのに、他の子が仕切ってくれていて、申し訳なかったし、悔しかったです」、「ファシリテーターとして、上手くかかわれなかったことが多かったなと思った。意見はあるけど、これでいいのかなと思って、言うのをやめたことが多かった」、「私自身ファシリテーターだけど、ほとんどメンバーと変わらず一緒に原稿を考えて、絵を手伝って録音しました。最初のんびりやってしまったので、後々めちゃくちゃメンバーを急かせてしまい、申し訳ないなと思っています」、「ファシリテーターとして参加していましたが、それぞれが得意な分野で、参加できたらと積極的に声かけをしていたつもりでしたが、私の努力不足もあったのかもしれないと、少し感じています」という回答でした。

　1つの傾向として成功体験というよりも、ファシリテーターとしての働きが不十分であったのではという内容や、メンバーに対しての謝罪、なかにはファシリテーターとしての迷いについても書かれていました。同じ大学生という立場や友人関係であることも関与し、ファシリテーターの役割という重圧が、プロジェクトの全期間にわたり、のし掛かっていたであろうことが、想像できる結果となりました。

　最後に、メンバーのかかわりの中での、心の動きを表している回答も見られました。「私は先のことまで決めないと気が持たないし、提案や物事を整理し

119

たい人です。ですがメンバーにはめちゃくちゃなことを言ったりする子もいた
し、先を見ない、発言しないタイプの子もいて、内心イライラするけど、その
子の個性だと思って、我慢するという気持ちがありました」、「私自身は仕切り
を頑張りました、役割分担をして作業を効率的に進めるために、その人の得意
なことを考慮しました。忙しいなど私情で迷惑をかける人がいたが、やるしか
ないという気持ちで頑張りました」、「自分では思いつかなかったような考えを
友だちからもらえたし、ときには意見がぶつかることもあったけれど、それも
自分とは違う1つの意見として納得することができた」といったような、自己
本位的なファシリテーションではなく、置かれた状況やその人を受け入れ、生
かすようなサーバント的なファシリテーションという働きを感じ取ることがで
きました。加えて、他者を変えるということよりも、自己に働きかけ自分自身
を変化させるといった、心の働きを感じることもできました。これはメンバー
として、自らに働きかけ自己を変革させていくファシリテーションであり、そ
のことが結果的にグループの人間関係に安定をもたらせる働きであることを、
ここから見て取ることができました。

　他にも「自分がちゃんと与えられた役割を果たせているかなとか不安に思っ
たけど、みんなが褒めてくれたり、みんなが頑張っているから私も頑張ろうと
思えました。ジェンダーとは何か、みんなの意見を参考に自分とも向き合える
ことができました」、「日本語がわかりにくい時もありましたが、みんな丁寧に
説明してくれました」といったような、グループメンバーとのかかわりのなか
での、自己の存在確認と、ファシリテーターとしてのモチベーションをあげた
り維持している状況も見えてきました。

6.3.グループでのかかわりをふりかえり、「私を何かにたとえてみる」

　グループの中での自分自身の働きなどを、具体化かつ率直に表現しやすくす
るために、他の物事にたとえてもらうということと、その理由を書いてもらう
という問い掛りをしました。そうすると、豊かな表現が見られたり、率直な表
現も表れたりと、グループでのかかわりがまた違った形で、見えてくることに
なりました。以下、カッコの中にあるのものが、たとえられたもの、その後に

第4章　グループ課題の取り組みから見えてきたファシリテーション

書かれているものがその理由になります。

- ・「孫の手のようだ」→ かゆいところに手が届く。話し合いが停滞したときこんなふうにしてはどうかと提案したところ、スムーズに進んだ（と思いたい）。
- ・「充電器のようだ」→ なぜなら陰でみんなを支えていたから。
- ・「私はテレビのMC役の人のようだ」→ 理由は意見が出なくなったらとりあえず自分の意見を言って、なんとか会話を繋ぐ。
- ・「ゾウに例えます」→ 縁の下の力持ちで、目立って発言はあまりしませんでしたが、周りを見てサポートできたと思います。
- ・「雑草です」→ 根強く頑張りました。
- ・「まるで虹のようだ」→ 理由、色々な意見が出ていたから。
- ・「空気のようだ」→ あまり発言をしなかった。
- ・「空気」→ 目には見えないけど、些細なサポートができる。
- ・「橋」→ あまり積極的に参加できていない人にも、意見があるかどうか問いかけた。
- ・「ふろしき」→ ばらばらの意見も、それぞれの良いところをみつけて1つの意見にまとめた。
- ・「メガホン」→ 基本的に意見を出して、それを全員に話すために一人ひとりにもこの意見についてどう？　とか聞いたりもした。
- ・「空のようだ」→ みんなの事を俯瞰して見ていたり、ファシリテーターのお手伝いをしたりしていたためだ。また、空は上にあるため、ファシリテーターではなかったが、イラストに関しては指示する側にいたので、空なのではないかと思う。
- ・「梟のようでした」→ グループ全体の相談の流れを、少し離れたところから見ながら、自分がどこかプラスアルファになるものを追加できないのかを、確かめていた。

　たとえた表現と、その理由から、興味深い表現をしていると感心するところもありましたが、全体的に考察すると、全員でかかわりグループの調整をして

いたのではないかと思うようになりました。これまでの論述ではファシリテーターとメンバーという二項対立で分け捉えようとしていましたが、グループのメンバーの多くが互いの調整や、サーバント的な役割をふくめてのファシリテーションをしているようにも見えてきます。もう少し分類するならば、手段的役割[3]としてのファシリテーターと、表出的役割[4]としてのファシリテーターが、存在しているようにも感じる結果となりました。特にファシリテーターの役割を担当しているものは、目標や遂行に縛られることから手段的になりがちです。一方ファシリテーター以外は、それらの制約から自由であることから、メンバーとして加わっているもののなかの一部に、手段的役割のファシリテーターを助けようとする働きや、手段的役割のファシリテーターの見えていない部分や、不足部分を補おうとする行動が出てくることで、表出的役割としてのファシリテーターが出現したのではないかと予測ができました。これは手段的役割ファシリテーターをもサポートしながら、集団を円滑にまとめ上げていこうとする下支えの働きでもあり、上記で論述したサーバント的なファシリテーションにもつながる、非公式のファシリテーションにも見えてきます。

6.4.ファシリテーターの働きについて

　ファシリテーターの働きについては、以下のような回答がありました。「参加しないメンバーに対してファシリテーターの方が率直に意見を言ってくれたので、そのあと円滑に制作が進んだ」というもの、「Aグループの絵本が完成したのはファシリテーターの方の力が大きいと感じる」、「ファシリテーターが最高でした。きちんと意見をまとめたり、何をするのかを、決めたりしてた」といったような、プロジェクトの遂行に関して、ファシリテーターの働きに関する評価が言葉となって表れています。

　他方では、「ファシリテーターの子がよく動いてくれたなと感じました。ファシリテーターがいなかったら、多分みんな意見を出したりする空間が作れていなかったと感じました」というもの、「ファシリテーターがこれやってくれる？　などリーダーらしく動いてくれて、嫌な顔も私にも見せずとても頼もしかった」、「ファシリテーターさんたちは、いつも毎週ミーティングの時間や集

合場所を先に報告してくれたり、必ず物語の内容に変更があったら、意見を聞いてくれた」という感謝、「お互いがお互いをリスペクトしてるなって感じた」という相互評価、「ファシリテーターとして思うのはみんなめちゃくちゃ頼れるし、思った以上のものを作ってくれるので、編集して完成したやつを見てみると最高傑作と言ってもいいものができてとてもやりがいがありました」といったファシリテーターからのメンバーに対する感謝なども回答の中に見られました。ここから見えてくることは、共通の空間（場）の構築に対するファシリテーターの働き、そしてメンバーもその部分に大きく働きかけていたという状況でした。

7. 調査結果からみえてくること

上記であげた先行研究で中澤が掲げていた、ファシリテーターの役割にあった、「その場で観察し見抜くこと」、「即興も含めて運営方法を臨機応変に考えること」、「どのような観客がその場にいて、何を求めているかということ」を見抜くこと、「話を提供する側はどんなスキルやコンテンツを持っていて、それをどのように展開させると最大のパフォーマンスを発揮するのか判断」（中澤、2016：6）することなどの役割について、今回の学生の回答からも一部確認することができました。

特にファシリテーターとしての役割にあたっていないのにもかかわらず、また特別な訓練を受けていなくとも、自ら進んでその働きをしようとしている姿を見られたことが、興味深いところでもありました。おそらくこれまで生活を通してかかわってきた、集団や組織のなかでの経験や学び取ったスキルが、今回のような機会で発揮されたようにも感じます。

他方、ファシリテーターが役割を遂行できたり維持できる背景には、メンバーからの支え、働き、理解、感謝があり、そのことがファシリテーターに対して、フィードバックされていることが重要であることも見えてきます。その環境が整うと、ファシリテーターが更に動きやすくなったり、グループ全体に居心地の良さ、安心してかかわれる空間、良好なメンバーの関係性などが生まれることも見えてきました。

上記の中澤が掲げている能力を、ファシリテーター自身が保持していない場合は、グループ全体の目標に向かう働きが弱まることが確かにありましたが、その時にファシリテーターにかわって、補おうとするメンバーからの、自然発生的なファシリテーションが発揮されうることも、調査結果から推察されます。そして時間的制限や制約がグループを緊張させるだけでなく、グループのメンバーの一人ひとりが、中澤が掲げているファシリテーターに必要な能力を発揮し、ファシリテーターとともに、グループを活性化させている側面も考察することができました。

　これらのことから見えてくるのは、上記で取り上げた、井上義和の、「ファシリテーターの本来の役割は、（全体を特定方向に誘導する）場の支配ではなく、（各人の可能性を存分に発揮させる）場のホールドである。」（井上、2018：8）という言葉に近い状況が、生まれているようにも感じました。更に付け加えるとすれば、逆説的ですが仮にファシリテーターの力が弱くとも、状況によっては補おうとするメンバーからの、自然発生的なファシリテーションが発揮されることによって場のホールドが生まれること、弱いファシリテーターもメンバーもそれによって安心してコミュニケーション環境を得られる、といった新たなる仮説も考えられるように思いました。

8．おわりに

　今回の調査結果から見えてきたことは、ファシリテーターがリードして進めたグループと、メンバーがファシリテーターと対等にかかわり進めたグループが、存在していました。前者のファシリテーターがリードして進めたグループでは、リードしてくれたことに対する感謝、適確な指示により一生懸命に自らの役割を遂行できたという言葉、ファシリテーターの仕事の重き負担を心配する内容が見られました。逆の側面では、決定権を行使しすぎるといった不満、ファシリテーターとしての自分に対するふがいなさなどの思いなどが挙げられていました。他方、後者のメンバーがファシリテーターと対等にかかわったグループでは相互作用が高まり、仕事量の偏りが出ないようにという配慮や、楽しいという言葉、満足感という言葉が、表れていることも特徴です。逆の側面

第4章　グループ課題の取り組みから見えてきたファシリテーション

では、公平性や仕事量についての不満が挙げられていました。そして前者後者のグループともに、共通しているものとして、メンバーとして参加しないものへの不満が多く挙げられていました。以上のことから、ともにかかわるという場の環境が整えられているか、目標に対する共通の意識や働きを維持することができているか、互いへの感謝や配慮などが、グループにおける悩みや苦しみ、喜びや達成感と結びついていることが見えてきました。これらの要素が整うことや、環境が形成されることが、ファシリテーションにおける重要な要素であるように思われます。

　次にかかわり方について焦点を絞ると、自然発生的ファシリテーションの存在を考察することができました。今回の場合は、大学の一授業の課題であったこと、学生同士という比較的近い人間関係であったことから、他者へのサポートの気持ちや、場を支える目的として、自然発生的ファシリテーションが生まれやすい状況であったと取ることもできます。ただ、今回は大学生同士のグループワークの中でしたので、その可能性は低いと思いますが、自分の評価を高めるためや、新たなる挑戦として、またグループ得点をあげて自己の成績を維持するために、メンバーが緊急的にファシリテーターの役割を担ったという側面も捨てきれません。そういった意味では、自然発生的ファシリテーションが生まれる動機付けとしては、さまざまな要因があげられるのではないかと思われます。次のテーマとして、なぜ人はファシリテーターの役割を担っていないのにもかかわらず、ファシリテーションを行おうとするのか、という動機付けに焦点を絞り、調査することの必要性も感じました。

　最後にもう1つ、自然発生的ファシリテーションは、その働きが良かったり、また周りのメンバーから認められることになりますと、次の機会の新しいファシリテーターを選ぶ際の材料になったり、ファシリテーターの再生産につながる動機付けの一作用として、注目ができると思いました。

注
1)　ここでの議論は、次から一部を転用、加筆している。奥本京子・前田美子・中西美和・船越多枝・関根聴・上野育子（2022年3月1日）「ファシリテーション研究とは何か──6つの学問領域における先行文献レビューを比較して」『大阪女学

院大学紀要』第18号：pp.21-35

2） フリーライダーとは、コストを負担せずに恩恵のみを享受する人々を指していう（濱嶋朗ほか、2005：541）。

3） 手段的役割（手段的リーダー）とは、集団の維持のための役割であり、その目的に向けてリーダーシップを発揮することである。外部からその集団に情報や資源を導入し、集団が環境に適応したり、課題を遂行するために役立つ役割をいう。ジェンダー論では、夫や父的な役割として取り上げられる（濱嶋朗ほか、2005：294-295）。

4） 表出的役割（表出的リーダー）とは、集団の存続のための役割であり、その目的に向けてリーダーシップを発揮することである。情緒的な雰囲気のなかで、成員（メンバー）の統合と精神的安定を図ることを主な役割とされる。ジェンダー論では、妻や母的な役割として取り上げられる（濱嶋朗ほか、2005：520-521）。

引用文献

井上義和（2018）「「アクティブラーニングの教育社会学」討論の記録」『日本教育社会学会第70回大会課題研究Ⅲ・公開研究会』．1-15.

奥本京子・前田美子・中西美和・船越多枝・関根聴・上野育子（共著）（2022）「ファシリテーション研究とは何か――6つの学問領域における先行文献レビューを比較して」『大阪女学院大学紀要』第18号，21-35.

中澤秀雄（2016）「コモンセンス・ファシリテーターとしての社会学」『現象と秩序』4，3-18.

日本ファシリテーション協会（2008）「ファシリテーション普及実態調査 一般向けアンケート調査報告」『ファシリテーション白書 2008年版――ファシリテーションが人・組織・社会を変える！』，日本ファシリテーション協会 東京事務所
https://www.google.com/url?sa=t&rct=j&q=&esrc=s&source=web&cd=&ved=2ahUKEwjP3vbE77eEAxUTlK8BHSR4BksQFnoECBwQAQ&url=https%3A%2F%2Fwww.faj.or.jp%2Fuploads%2Fpdf%2Ffaj_hakusho_ver2008.pdf&usg=AOvVaw2z2Qet1j8YpaU6oo-Fp_aA&opi=89978449

濱嶋朗・竹内郁郎・石川晃弘（編）（2005）「「手段的役割」「手段的リーダー」」『社会学小辞典』，有斐閣，294-295.

濱嶋朗・竹内郁郎・石川晃弘（編）（2005）「フリーライダー」『社会学小辞典』有斐閣，541.

濱嶋朗・竹内郁郎・石川晃弘（編）（2005）「「表出的役割」「表出的リーダー」」『社会学小辞典』有斐閣，520-521.

第5章

学生ファシリテーターの恩送りの実践
——ともに学び成長し合う教育共同体の創出と継承をめざして

中西 美和

《借り》[1] は《借り》として受け入れ、世の中の役に立つかたちで返していけばよい。……（中略）要するに、上の世代から受けた《借り》は、下の世代に返せばよいのだ。いま、私たちに必要なのは、そのようにして、《借り》を伝えていくことである（Nathalie, 2012：p.25）。

《借り》があるということは、自分に足りないものがあって、それを誰かに与えてもらって、その欠如＝欲望を満たしたということである。その結果、今度は自分が与える側になって、最初に与えてもらった《借り》を返す。それが「自分自身になる」——自己を確立するということなのである（Nathalie, 2012：p.210）。

ナタリー・サルトゥー＝ラジュ『借りの哲学』より

1．はじめに

「自分が困っていた時に、友だちから助けられたことが嬉しくてありがたかった。だから、自分もなんらかの形で、お返しをしたい。」と思ったことはあ

りませんか。受けた恩を、その提供者に返すことを恩返しといいます。それに対し、恩送りとは、受けた恩に対し、それを提供者に返すのではなく、提供者ではない別の人に、恩を送る行動です。恩返しや恩送りは、感謝の気持ちに支えられているものが多いです。日常生活の中では、例えば贈り物をもらったらそれへのお返しをするなどの恩返しはよくあることです。そして、恩返しは良好な人間関係の構築や維持の一助となっていることもあるでしょう。同様に、恩送りも実生活の中で数多く存在しています。例えば、「被災地のリレー」（渥美、2012）です。これは、かつて災害に遭った時に支援を受けた元被災者が、新たな災害に遭った被災者を支援することを意味します。Atsumi（2014）は、アクションリサーチ[2]を行い、東日本大震災の被災地支援に向かった人々へのインタビューを通して、被災地支援に向かった理由の中に、以前に支援を受けたことに対する恩（debt）[3]を返そうとする動機があったことを明らかにしています。そして以前に受けた恩を、他の誰かに送る機会を提供することで、お互いに助け合うコミュニティの構築とその継続が可能となることを示唆しています。同様に、三谷（2015）は、東日本大震災の支援者の恩送りについて調査研究を行い、災害に遭いにくい環境下において見知らぬ他者から援助を受けるという希少な体験（思いがけない恩）によって恩送りが促される可能性を指摘しています。そして、恩送りにはそこにかかわる成員間の相互信頼を高め、連帯を強め、集団行動を促す機能があることが見出されています（Gillmore, 1987）。さらに、より日常的な場面においても恩送りは見られます。例えば、アメリカのコーヒーショップチェーンのドライブスルーで、ある人が後続の客のコーヒー代金を支払ったことが契機となり、次の客の代金を払うという連鎖が378名も続きました（Tampa Bay Times, 2014）。このように、恩送りは、誰しも行うものでありながら、それにより信頼感に基づく安定的な人間関係を構築したり、機能的なコミュニティを創出したりすることが可能となる点で重要です。

　実は、大阪女学院大学においても、上級生から下級生への恩送りがみられます。どの大学においても、新入生の　人ひとりが大学生活に適応し、望むような学びを実現していくようになることは、新入生にとっても、また新入生を迎え入れる大学にとっても、共通の願いです。新入生の大学への適応を促進する

ために、一般的に大学側は、初年次教育の一環で、例えば大学での生活や学修のために役立つ情報を提供したり、大学への適応が困難であると予測される学生を早期に発見し支援したり、学習支援を実施するなどの工夫を凝らしています。中でも、大学で新しい友人を作ることは、新入生にとって関心の高い問題であり、多くの大学で新入生の人間関係構築をサポートするプログラムが、主に上級生により提供されています。しかしながら、上級生サポーターの「人とかかわる力」を醸成するためのトレーニングは十分になされていないのが現状です。そこで本学では、約50年前からTグループを用いたリーダーシップトレーニングを実施し、新入生とかかわる上級生サポーターとなるBig Sister（以下、BSと略します）を育成し活用する体制（BS制度）を整え、人間関係構築を含めた新入生へのサポートを提供しています。このBS制度は大阪女学院大学の伝統を支え、大阪女学院大学らしさを色づけるものとして認知されています。

　Tグループの T は、Training の略であり、Tグループとは、グループで起こる「今―ここ」の人間関係のプロセスに気づき、その体験から学ぶことを目的としたトレーニング・グループです（中村、2012）。Tグループでは、取り組む課題や話題はあらかじめ設定されておらず、このような場での体験は、非構成的な体験と呼ばれています。そのため、Tグループでは、自然かつ必然的に、目の前の人々と関係を築くことが取り組む課題となってきます。これによって、参加者同士がお互いの存在を尊重し、直接的にかかわり、「今―ここ」での関係に生きることが可能となります（中村、2012）。このようなTグループによるトレーニングは、社会的な感受性の養成、コミュニケーションスキルの開発、リーダーシップトレーニング、組織開発などのさまざまな領域で応用されています。しかしながら、Tグループによるトレーニングに参加することの負荷を鑑みて、その参加条件として、ある一定の社会経験と健康なメンタリティを備えていることが挙げられており、学生を対象としたTグループは、全国的にも少ないのが現状です。また、Tグループは通常、合宿形式で実施されることが多く、それを運営するためには経験を積んだスタッフが求められます。教育機関においてTグループによるトレーニングを実施するためには、担当できるスタッフの確保と、何より教育機関という組織の理解と協力が必要です。大阪女学院大学では、新入生のサポーターであるBSになるためのプログラムと

してTグループを用いたリーダーシップトレーニングを提供しています。これは、本学が小規模だからこそ実現できることであり、チャレンジングな取り組みの1つだと言えます。ちなみに筆者は、本学にて心理学関連科目を担当する教員であり、またBS制度を支えるスタッフでもあります。つまり、リーダーシップトレーニングと以下に述べるオリエンテーションの運営スタッフチームの一員なのです。

　大阪女学院大学では、例年、4月2日から4月10日ごろまでの約10日間かけてオリエンテーションを行い、その期間中にBSは、集中的に新入生のサポートにあたります。表1に本学のオリエンテーションプログラム内容をまとめ、BSがどのプログラムでどのような役割を担うのかを示しました。オリエンテーションでは、英語の習熟度別クラス分けのためのPlacement Test、各種説明会（履修ガイダンスと相談会、海外プログラムの説明、奨学金受給のための説明、図書館ツアー、学習システムの利用説明、サポート体制についての案内など）、英語学習のための導入アクティビティなどのプログラムがあり、これらは主に教職員が担当しています。その他、BSが主に活躍するプログラムとして、入学式の翌日（あるいは翌々日）に出発する1泊2日の宿泊プログラム（オーバーナイトオリエンテーション）、BSアワー、そして2分間スピーチがあります。オーバーナイトオリエンテーションでは、衣食住を共にしながら、大学での学びを体験的に理解するワークや大学での学びの目標設定などのプログラムを通して、新入生同士でかかわり合い、人間関係を作ることを促します。本学では、人間関係の構築を大切にします。なぜなら、「英語であれ、韓国語であれ、どのような言葉であっても、言葉は人と人を繋ぐツールであり、言葉は人とかかわりながら体得していくもの」と考えているからです。本学で言葉を学ぶことは、すなわち、人とかかわる力を醸成することでもあるのです。BSアワーは、あらかじめ決められた10〜15名程度の新入生グループとそのグループを担当する3名程度のBSから構成された小グループ（BSグループと呼んでいます）で過ごす時間です。そこではBSが主体となり、提出書類の回収、教科書販売、学生証の写真撮影など大学生活を開始するにあたり必要な手続きを行うことや、昼食を一緒に食べながら、お互いに知り合うための時間が用意されています。2分間スピーチは、2〜3のBSグループと、そのグループを担当したBSと、

第5章　学生ファシリテーターの恩送りの実践

表1　オリエンテーションプログラム内容とその担当者とサポーター

プログラム内容	実施時期	主な担当者	サポーター
リーダーシップトレーニング（2日間の学内実施）	3月中旬	教職員	
リーダーシップトレーニング（3泊4日間の合宿）	3月中旬～下旬	教職員	
BSミーティング	入学式の数日前／オーバーナイトオリエンテーション／オリエンテーション最終日	BS	教職員
入学式	4月1日	教職員	BS
Placement Test	入学式当日（翌日）	教職員	BS
オーバーナイトオリエンテーション（1泊2日）	入学式翌日（翌々日）～	教職員／BS	BS
各種説明会	オリエンテーション期間中	教職員	
英語学習の導入のためのアクティビティ	オリエンテーション期間中	教職員	BS
BSアワー	入学式の日／オーバーナイトオリエンテーション／オリエンテーション最終日	BS	
2分間スピーチ	オリエンテーション最終日	BS	教職員

　3名程度の教職員が1クラスに集まり、新入生が教壇に立ち、「これからの自分は大阪女学院大学でどのような学びをしていきたいのか」について発表する時間です。新入生一人ひとりが自身の決意表明をし、他者のそれを聴き合うことで、大学で学ぶことの意味を自分に刻む大切な時間となっています。

　ここで、リーダーシップトレーニングを受け、晴れて新入生のサポーターであるBSとなった学生のことを考えてみましょう。すべてのBSは、かつては新入生として上級生のBSからのサポートを受けた経験をしており、ここには、自分がしてもらったことを今度は次の新入生に送るという恩送りの構造があります。このような構造を含むサポート体制は他に類を見ません。そして、ここでのBSは、ともに学び成長し合う教育共同体を支えるファシリテーターとしての役割を果たしているとも言えるのではないでしょうか。そこで本章では、オリエンテーション期間という日常の大学生活において、新入生とBSがともに過ごす中で生じるBSの恩送りの実態を捉え、恩送りを支える要因は何か、また恩送りの実践が、BS自身の成長にどのように寄与するのかを、BSへのインタビューから検討していきます。

131

２．BS の恩送りの実際

　以下のような手続きに従って、BS へのインタビューならびに、分析を行いました。

2.1.インタビュー協力者の募集

　2022年度に BS となった者の中で、リーダーシップトレーニングで筆者が担当したグループのメンバーであった者と、筆者の授業を受講していた者にインタビューへの参加協力依頼を行い、13名がインタビューに参加しました。

2.2.インタビュー方法と内容

　BS の恩送りを検討するために、大阪女学院大学の教室にて、プライバシーに配慮しながら半構造化インタビュー[4]を実施しました。インタビューは、参加者の同意を得た上で録音しました。インタビューの主な内容は以下の通りで、インタビューに要した時間は一人30分程度でした。

　①自分が新入生だった時にサポートしてくれた BS の先輩について
　②BS活動で経験したこと（感じたこと、気づいたこと）について
　③BS活動の中で貢献できたことについて
　④BS活動を通して成長できたと感じることについて
　⑤BS になることの意味について

　なお、③については、貢献できた程度について１から５の５段階評定で自己評価をしてもらいました。同様に④についても、成長したと感じる程度について１から５の５段階で自己評価をしてもらいました。いずれも、評価値が高くなればなるほど、そう感じている程度が高いことを表すものとしました。

2.3.倫理的配慮について

　南山大学（承認番号23-046）と大阪女学院大学（承認番号OJ2023-04）の倫理審査の承認を得た上で、インタビュー協力者に対して、研究に関しての説明を行い、インタビュー協力への同意を書面で得ました。

2.4.分析方法

　まず、録音されたインタビューの逐語記録を作成しました。そして、インタビューで語られた内容を分析するために、うえの式質的分析法（上野、2018）を用いました。今回の分析では、ともに学び成長し合う教育共同体を支える要因を明らかにするために、BS活動を通しての満足度と成長感が比較的高いと考えられたインタビュー協力者の逐語記録データを分析することとしました。うえの式質的分析法は、情報のユニット化（単位化）による徹底的な帰納法と言われています。情報のユニット化（単位化）とは、文脈をいったん解体することです（脱文脈化）。帰納法とは、データに即して事後的に分析する方法で、情報のユニット化によって、脈略のない情報の中に、隠れた文脈を事後的に発見することで、徹底的にデータに語らせるという方法と考えられています。うえの式質的分析法では、コンテンツ（メッセージの内容）に注目します。会話のコンテンツを中心に分析するため、間、語り口調など、言語の周辺にあるメッセージ（nonverbal message, paralinguistic message）には注目しません。その理由は、言語的に発信されたメッセージをコンテンツとして分析し考察せずに、言語の周辺にある非言語的メッセージに注目してもあまり意味がないと考えるからです（上野、2018）。

2.5.情報のユニット化

　以下のルールに従い、インタビューで語られた内容をユニット化するために、カード作りを行いました。
カード作りのルール
- ・1枚のカードにつき、1つの情報を記述することを原則とします。
- ・テーマでなくコンテンツをカードに記述します。
- ・ユニット数（カード数）の目安は、30分のインタビューで50ユニット程度になるようにします。

2.6.要因連関図の作成

　以下の手順で要因連関図を作成しました。

①カードのグルーピング：カードを作成（ユニット化）することで、インタビュー内容を脱文脈化した後、各カードをグルーピングすることで再文脈化を行います。以下のようにして、カードのグルーピングを行いました。まず、目の前にあるカード（バラバラにしたもの）の中から、ランダムに1枚出します。1枚目のカードが自立した情報として意味をなすことを確認した後、2枚目のカードをランダムに1枚出して、1枚目のカード情報に対して、同じ内容（グループ）ならY（はい）、違う内容（グループ）ならN（いいえ）として分別します。これを3枚目以降も繰り返していきます。このとき言葉を補えばわかるものは、文章を書き替えてもよいとされています。

②表札（メタ情報）の作成（グルーピングされたカードのカテゴリー化）：グループの中にある複数のカードの共通点を言語化し表札をつけます。その際、言語化された表札はキーワードや何についてではなく、それ自体が意味のわかるメッセージとなるように、言説レベルの言語化をします。例えば、「職場の人間関係」だけでは、意味がわからないので、職場の人間関係は良好ということが言いたいのなら、「職場の人間関係は良好」とします。すべてのグループのカテゴリー化が終了したら、表札（メタ情報）だけを表に出し、ユニット化した各カードをゴムやクリップで留めてまとめ、見えないようにします。

③マッピング：表札（メタ情報）を眺めて、内容が違うものは遠く、似ているものは近くに置いてマッピングします。マッピングが完成すると見取り図となります。

④チャート化（関連付け）：マッピングされた表札（メタ情報）同士の論理的関係を示し、要因連関図を完成させます。論理的関係は、因果（AゆえにBが起きる）、相関（Aが発生すると同時にBが発生する）、対立（AとBが対立する）の3つです。

⑤ストーリーテリング[5]：要因連関図に示された表札間の論理的関係を言語化したものがストーリーテリングです。ストーリーテリングでは以下の接続詞を用います。因果はAだからB、あるいはBなぜならA、相関はAとともにB、あるいはAと同時にB、対立はAしかしB、あるいはAと

はいえ B、と表現します。なおストーリーテリングをする際には、すべての表札に必ず言及する、すべての表札間につながりをつくる、孤立した表札は無理矢理つなげないなどのルールがあり、表札（メタ情報）だけでストーリーを語ることが理想的と考えられています。

2.7.結果

今回は、BS活動を通しての成長感に関する自己評価が5（最高値）であった3名の分析結果を紹介します。そして、その結果に基づき、3名の恩送りの実態を示しながら、恩送りを支える要因は何か、また恩送りの実践が、BS自身の成長にどのように寄与しているのかを考察していきます。なお、ストーリーテリングの記述では、表札の言葉は太字で表記し、カードの言葉の引用部分には下線を引きました。

Ａさんの BS体験

図1にＡさんの要因連関図を示しました。

Ａさんのストーリーテリング

Ａさんのストーリーテリングは以下の通りです。

　　自分が新入生だった時、**BS の先輩は、一人ひとりに電話やメッセージでアドバイスをくれた**ので、**必要な情報が得られた**とともに、**新入生は BS の先輩に聞きたいことが何でも聞けた**ので、**安心感と守られ感があった**。だから、**BS の先輩の話やサポートの影響を受けて、BS になることを決めた**。また、**自分はこれまでまとめ役をうまくしていたので BS になることを決めた**。
　　そして **BS活動の前は、リーダーシップは一人ひとりが持つべきものと思っていた**。しかし、**自分は BS として新入生に行ったサポートは、BS同士が仲良いという雰囲気が大切だと思い、BS同士、普段通り仲良くした**。とともに、**BS として行ったサポートは、新入生からの質問を促したり、自分から新入生に話しかけたりして、新入生同士の関係作りを心がけた**。と同時に、**スケジュール管理、報告、共有もし、トラブルも発生しなかったので、貢献できたと思う**。また、**BS として自分はわかってなさそうな留学生に気づいて一人ひとりに対応をした**し、**わからないこともわからない新入生がい**

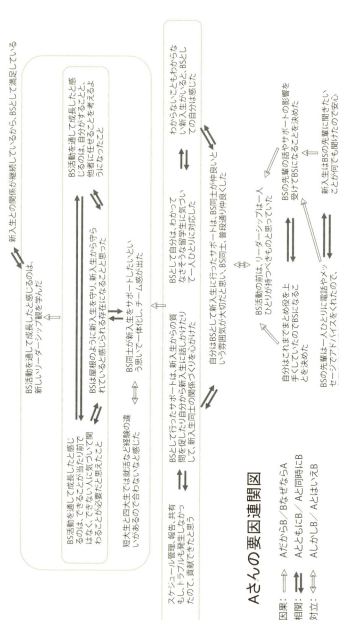

図1　Aさんの要因連関

ると BS としての自分は感じた。

　BS として行ったこれらの活動より、短大生と四大生では就活など経験の違いがあるので合わないと感じたが、次第に BS 同士が新入生をサポートしたいという想いで一体化し、チーム感がでたと思う。と同時に、BS は屋根のように新入生を守り、新入生から守られていると感じられる存在になることと思った。また、BS 活動を通して成長したと感じることは、できることが当たり前ではなく、できない人に気づいてかかわることが必要だと思えたことと、自分がすることと他者に任せることを考えるようになったこと。したがって、リーダーシップ観を学んだ。と同時に、新入生との関係が継続しているので、BS として満足している。

A さんの恩送りと成長

　A さんは自身が新入生であった時に、BS の先輩に受けたサポートにより、守られた感じを体験したようです。その体験を基盤とし、BS になることを決めました。そして、自分が先輩からもらった「守られ感」を、BS は屋根のような存在として新入生を守る存在であると、そのアイデンティティを内在化しつつ、BS として新入生に尽くしたと考えられます。また、BS 活動を通して、すべて自分が背負うのではなく、相手にも任せて頼るシェアードリーダーシップのような、新しいリーダーシップ観を体験から学び、自分の成長を感じていることがわかりました。

B さんの BS 体験

図2に B さんの要因連関図を示しました。

B さんのストーリーテリング

B さんのストーリーテリングは以下の通りです。

　BS の先輩は、優しく気さくにかかわって不安や緊張を和らげ、場に馴染ませてくれたとともに、大学生活のあれこれを教えてくれた。だから、周りの人や BS の先輩の勧めで BS になることを決めた。
　リーダーシップトレーニングでは、リーダーシップトレーニングの空気感

Bさんの要因連関図

因果： ⟹　AだからB／BなぜならA
相関： ⇌　AとともにB／ Aと同時にB
対立： ⇔　AしかしB／ AとはいえB

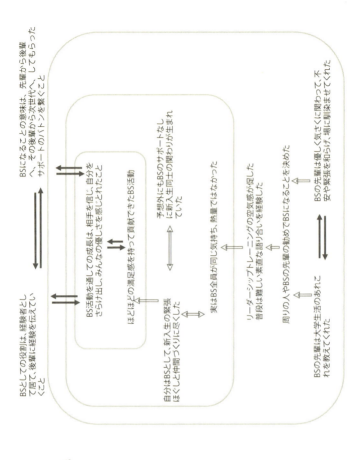

図2　Bさんの要因連関図

が促した普段は難しい素直な語り合いを経験した。

　リーダーシップトレーニング後のBS活動では、**実はBS全員が同じ気持ちや熱量ではなかったが、自分はBSとして新入生の緊張ほぐしと仲間作りに尽くした。しかし、予想外にもBSのサポートなしに新入生同士のかかわりが生まれていた。とはいえ、ほどほどの満足感を持ってBS活動に貢献できた。と同時に、BS活動を通しての成長は、相手を信じ、自分をさらけ出し、みんなの優しさを感じとれたことだ。それとともに、BSとしての役割は経験者として居て、後輩にその経験を伝えていくことであり、BSになることの意味は、先輩から後輩へ、その後輩から次世代へしてもらったサポートのバトンを繋ぐことと言える。**

Bさんの恩送りと成長

　Bさんは自身が新入生であった時に、BSの先輩から受けたサポートにより、不安や緊張を和らげてもらえた体験をしたようです。そして、その体験をもたらした先輩BSの勧めで、BSになることを決めました。BSとしての新入生へのサポートは、予想外にもそれほど必要なかったようでしたが、それでもBさんは新入生の緊張ほぐしと仲間作りに尽くしました。BさんがBSとして行ったこれらのサポートは、まさに、Bさんが新入生だった頃に先輩BSからしてもらったことと同じサポートでした。そして、Bさんは、BSになるということは、してもらったサポートのバトンを次世代に繋ぐことであるとし、自身のBS活動の中でそれを体現したと考えられます。さらに、自分を受けとめてくれる存在として他者を信頼することや、自分を他者に開示することができたことを、自分の成長と感じていることがわかりました。

Cさんの BS体験
　図3にCさんの要因連関図を示しました。

Cさんストーリーテリング
　Cさんのストーリーテリングは以下の通りです。

　BSの先輩は喋りやすい空気感や機会を作ってくれた。と同時に、連絡先を教えてくれて質問しやすかった。このようなBSの先輩のかかわりから、

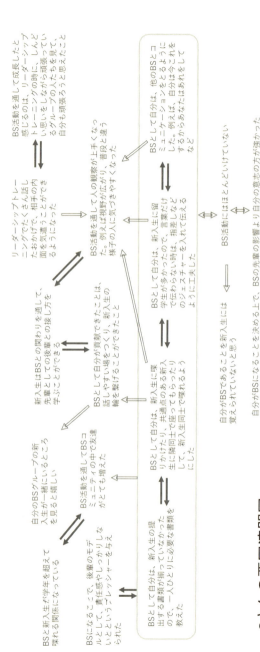

図3 Cさんの要因関連図

後輩との接し方が学べると思ったので BS になった。とはいえ、自分が BS になることを決める上で、BS の先輩の影響より自分の意志の方が強かった。

しかし、BS活動には、入学式と２分間スピーチをのぞき、ほとんど行けていない。だから、自分が BS であることを新入生には覚えられていないと思う。とはいえ、BS として自分は、新入生に喋りかけたり、共通点のある新入生に隣同士で座ってもらったりして、新入生同士で喋れるようにしたし、新入生に留学生が多かったので、言葉だけで伝わらない時は、指さしなどのジェスチャーを入れて伝えるように工夫した。と同時に、他の BS とコミュニケーションをとるようにした。例えば、自分はこれをするからあなたはあれをしてなど。また、新入生の提出する書類が揃っていなかったので、一人ひとりに必要な書類を教えた。これらのかかわりをする上で、BS になることで後輩のモデルとして責任感やしっかりしないと、というプレッシャーを与えられた。このような BS活動を通してもそうであるが、リーダーシップトレーニングの時にしんどい思いをしながら頑張っているグループの人たちをみて、自分も頑張ろうと思えたことと、リーダーシップトレーニングでたくさん話したおかげで、相手の内面を気遣うことができるようになったことから、人の観察が上手くなった。例えば、視野が広がり普段と違う様子の人に気づきやすくなった。

また BS活動を通して、BSコミュニティの中で友だちがとても増えたし、BS と新入生が学年を超えて喋ることができる関係になっている。BS活動を通して、自分が BS として貢献できたことは、話しやすい場を作り新入生の輪を繋げることができたことだ。とともに、新入生は BS とのかかわりを通して、先輩としての後輩との接し方を学ぶことができると思う。そして、自分の BSグループの新入生が一緒にいるところを見ると嬉しい。

Ｃさんの恩送りと成長

Ｃさんの BS の先輩は、BS と新入生を含む BSグループの中で、喋りやすい空気感や機会を作ってくれたようです。BS としての Ｃ さんも、先輩BS と同様に、新入生が話しやすい場を作り、新入生の輪を繋げたようです。Ｃ さんにとっての BS活動は、年の差がある人間関係において、先輩が後輩に対してど

のように接するのかを学ぶ機会としての意味合いが大きかったようです。BS
としてCさんは、後輩のモデルであるという自覚のもと、責任感や良い意味
でのプレッシャーを抱きながら、BS活動に尽くしていたと思われます。Cさ
んは、先輩BSがそうであったように、後輩のモデルとなるBSになることで、
先輩から受けとったミッションを継承し、後輩に伝えたのではないでしょうか。
そして、自分は後輩から見られる存在であると意識したことに加え、リーダー
シップトレーニングで頑張る仲間の存在が刺激となって、自分の在り方を見つ
め頑張れたことが、自分の成長と感じていることがわかりました。さらに、他
者を観察し、他者の様子に気づきやすくなったのも、Cさんの成長ではないで
しょうか。

3．恩送りを支える要因についての考察

　今回紹介した3人の語りの分析より、3人はBS活動の中で恩送りを実践し
ていることが示唆されました。ここからは、3人の語りの分析結果と、BS制
度の運営にかかわってきた筆者の体験を踏まえて、何がこの恩送りを支えてい
るのかについて考えていきます。

恩を送る（サポートを与える）側の要因

　BSになるためのリーダーシップトレーニングは、人とかかわるということ
を体験的に学ぶ場となっています。例えばBさんは、特別な学びの場である
リーダーシップトレーニングの空気感に促され、日常生活では難しい素直な語
り合いを通して、自他への信頼感を醸成しました。Cさんも、リーダーシップ
トレーニングを通して相手の内面を気遣うことができるようになったと、新た
なかかわりの力を体得したと実感しています。そして、これらの学びは、Bさ
んとCさんに成長した感じをもたらすものでした。また、AさんとBさんは、
BSとしてのアイデンティティを自覚しつつ、BS活動というかかわりの場に居
たようです。つまりBSは、他者とかかわり続け、否応なしに自分と向き合う
しかないリーダーシップトレーニングを完走し成長を実感した存在であり、ま
たBSとしてのアイデンティティを自覚した存在であると言えます。その一方

第5章　学生ファシリテーターの恩送りの実践

で、いくらリーダーシップトレーニングを受けたからと言って、新入生とのかかわりが完璧にできるわけではありません。AさんやCさんの語りからわかるように、新入生とかかわる中で、BSは悩み、工夫を凝らし、試行錯誤しながら、新入生のサポートをしています。不完全でありながらも、自身の成長とBSとしてのアイデンティティを自覚して、真摯にかかわろうとするBSのあり様は、新入生にさまざまな影響を与えていると思われます。例えば、Aさん、Bさん、Cさんは、自分が新入生であった時、BSの先輩からのサポートのおかげで、不安や緊張が和らぎ、守られた中で安心感を得たと語っていました。おそらく、Aさん、Bさん、Cさんがサポートした新入生たちも、同じような体験をしているのではないでしょうか。また、Aさん、Bさん、Cさんは、自分がBSになることを決める上で、BSの先輩から受けたサポートや勧めが影響したと述べています。よって、BSからサポートを受けたという経験を持っていることや、不完全でありながらも、自身の成長とBSとしてのアイデンティティを自覚して、真摯にかかわろうとするBSの存在そのものが、恩送りの継承を支えていると言えるのではないでしょうか。

　ところで、例年リーダーシップトレーニングは3月下旬に実施されその年度のBSが誕生します。そして、BSは3月末日から新入生を迎える準備を整え、4月1日の入学式に自分がサポートする新入生たちと出会います。リーダーシップトレーニングを通して、人への関心が高まり、新入生をサポートしたいという気持ちが高まっているタイミングで、新入生とかかわる機会が与えられていることも、サポートの提供がうまく運ぶ要因であると思われます。

恩を受けとる（サポートを受ける）側の要因
　新入生にとって大学に入学するということは、いうまでもなく大きな環境の変化です。学ぶ場所、学ぶ仲間、教職員、授業の形態、授業の受け方、生活スタイルなど、ほとんどが新奇な刺激です。このような環境に身をおく新入生の心境は、期待と楽しみがある反面、緊張や先行きへの不安などが入り混じったものであろうと思われます。しかも、頼れる友だちもいない中、このストレスフルな状況に適応していかなければなりません。つまり、新入生はサポートを受けとる準備ができているといえるでしょう。そんな中で、入学式からそば

にいて、声をかけ、気にかけてくれる BS は、新入生にとっては身近にいる頼れる存在でしょう。自分が必要とする時に適切なタイミングでサポートがある、あるいは、それを期待できることは、サポートの受けとりがうまく運ぶ要因であると思われます。また、三谷（2015）は、思いがけない恩によって恩送りが促進される可能性を指摘しています。初対面の BS からのサポートは、新入生にとってはまさに思いがけない恩として体験されると思われます。これも、本学で恩送りが継承される一因と考えられます。

場の要因

　前述のように、本学では、例年、約10日間かけてオリエンテーションを行い、その期間中に BS は、集中的に新入生のサポートにあたります。本学のオリエンテーションは、他大学より長く手厚い内容であり、意図的に BS が新入生とかかわる時間を作っています。Atsumi（2014）が指摘しているように、以前に自分が受けた恩を、他の誰かに送る機会が提供されていることが、お互いに助け合うコミュニティの構築と継続には欠かせません。本学のオリエンテーションは、まさに Atsumi（2014）が指摘するその機会であり、サポートの受け渡しを促し、恩送りの継承を支えていると考えられます。

　また、A さんは、「BS同士が仲良いという雰囲気が大切だと思い、BS同士、普段通り仲良くした」と語っており、C さんも「BS活動を通して BSコミュニティの中で友だちがとても増えた」と語っています。このように、BS集団が醸し出す仲良さそうで楽しそうな雰囲気を見て、新入生はよく「BS の先輩はキラキラしていた」と表現しています。サポートに尽くす BS の姿だけでなく、BS集団の雰囲気も、新入生の BS への憧れを生み出し、自分も BS になろうという気持ちを高めているのではないでしょうか。そしてそれが、新たな恩送り人を輩出する一助となっていると思われます。

4. おわりに

　本章では、BS が新入生をサポートするという BS制度に恩送りの構造があることを指摘し、恩送りを担う BS は、ともに学び成長し合う教育共同体を支え

るファシリテーターであると考えました。そして、この恩送りの継承を支える要因と、恩送りの実践がBS自身の成長にどのように寄与するのかを検討しました。その結果、恩送りの継承を支える要因として、①サポートを求める（受ける）新入生がいること、②サポートをする側は、自身もサポートを受けた体験をしていること、③サポートをする側は、自分が受けたサポートを後輩に返すというミッションを自覚しそれを担う覚悟があること、④サポートをする側と受けとる側の準備ができているタイミングでサポートの受け渡しの機会が用意されていること、などが恩送りの継承を支える要因として考えられました。またBSは、恩送りの実践によって、①新しいリーダーシップ観が身についた、②他者を信頼することや、自己開示することができ、そうする力が自分にあることを自覚した、③投げ出さずに、しんどいことでも乗り越える力が自分にあることを自覚した、④他者を観察する力や他者の様子に気づく力がついた、などの成長がもたらされたと感じていることも明らかとなりました。

　以上のように、BSは自分の受けた恩を送りながら、自身も成長していきます。そのようなBSの存在の影響を受けた者が、次なるBSとなり、恩送りが継承されていきます。この恩送りの継承によって、お互いに助け合うという雰囲気が醸成され、ともに学び成長し合う教育共同体が創られていくのではないかと思われます。本学は小規模校であるからこそ、BSの影響が波及しやすく、恩送りを担うBS、すなわち、ともに学び成長し合う教育共同体を創出し、継承していくファシリテーターを生み育む場として機能しているのではないでしょうか。

　本章で述べたことは、あくまでポジティブな体験をした3名のBSの語りから考察したものであって、本学における恩送りの実相の一部を捉えたに過ぎません。今後は、ポジティブな体験をしなかったBSの語りも含めて分析し、恩送りの継承を支える要因を明確にする必要があると思われます。さらに、本章では恩送りが、ともに成長し合う教育共同体の創出や継続にどのように寄与しているのかについては、検討できていません。今後は、本学での恩送りが、教育共同体に与える影響を明らかにし、本学がどのようなファシリテーターを育てているのかを明確にしていく必要があります。

　大阪女学院大学において半世紀以上も続く恩送り、そして、この善意の奉仕

の連鎖が絶えることなく続きますようにと願っています。

注

1) ここでの《借り》は、金銭的もしくは経済的な場面で使われる意味以上に、恩や負い目という意味も含むより広い観念を指す。この《借り》は、人と人を結びつけ、互いに足りないところを補い支えあう文化を醸成すると考えられている（Nathalie, 2012）。
2) アクションリサーチとは、社会環境や対人関係の変革・改善など、社会問題の実践的解決のために、研究者が対象について働きかける関係を持ちながら、対象者に対する援助と研究（実践）を同時に行っていく研究である（秋田・市川、2001）。
3) ここでの恩（debt）は、sense of debt や feeling of indebtedness と表現されるように、負債感を伴う恩である。
4) 半構造化インタビューとは、質問項目をあらかじめ決めておくが、比較的自由に答えてもらう方法である。客観的な聞き方をするのが原則であるが、場合によって、面接者の裁量で臨機応変の質問も許すものである（丹野、2000）。
5) ここでのストーリーテリングは、うえの式質的研究法の1つの分析ステップを表すもので、第3章にあるストーリーテリングとは異なる。

引用文献

秋田喜代美・市川伸一（2001）「教育・発達における実践研究」南風原朝和・市川伸一・下山晴彦（編）『心理学研究法入門——調査・実験から実践まで』東京大学出版, pp.153-190.

渥美公秀（2012）「被災地のリレーから広域ユイへ」『人間関係研究』11, 1-12.

上野千鶴子（2018）『情報生産者になる』筑摩書房

丹野義彦（2000）「面接法」下山晴彦（編）『臨床心理学研究の技法』福村出版, pp.42-47.

中村和彦（2012）「Tグループ」 日本人間性心理学会（編）『人間性心理学ハンドブック』 創元社, pp.364-365.

三谷はるよ（2015）「一般交換としての震災ボランティア——「被災地のリレー」現象に関する実証分析」『理論と方法』30, 69-83.

Atsumi, T. (2014) Relaying support in disaster-affected areas: The social implications of a "pay-it-forward" network. *Disasters*, 38, 144–156.

Gillmore, M. (1987) Implications of Generalized Versus Restricted Exchange. K. S. Cook (Ed.), *Social Exchange Theory* (pp.170-189). Newbury Park: Sage.

Nathalie, Sartyhou-Lajus (2012) Éloge de la dette, PUF. ナタリー・サルトゥー＝ラ

ジュ（高野優監訳）（2014）『借りの哲学』太田出版

Tampa Bay Times.（2014）Starbucks pay-it-forward chain starts again; blogger purposely breaks it. Published Aug.22.

https://www.tampabay.com/news/humaninterest/starbucks-pay-it-forward-chain-begins-again-at-same-store/2194023/（2023年3月31日）

＊本研究は、南山大学2023年度パッヘ研究奨励金I-A-2の助成を受けたものです。

＊謝辞

大阪女学院大学学生相談室の水野有希子先生には、インタビューデータの分析の過程で多大なるご協力を賜りました。また、リーダーシップトレーニングではコ・ファシリテーターとしてお支え頂きました。ここに感謝の意を表します。

第6章

国際協力キャンペーンにおける
ファシリテーターの役割
——オートエスノグラフィーによる考察

前田 美子

1．はじめに

「私はファシリテーターです」

いま、このように自己紹介していますが、つい数年前まで、私はこの「ファシリテーター」という言葉の意味を深く掘り下げて考えることはありませんでした。私は教育のファシリテーターとしてのアイデンティティ（自己認識）をもち、学生にもファシリテーターとして活動をするように勧めてきました。私にとって「ファシリテーター」とは、狭義では「参加型学習」「ワークショップ」「アクティブ・ラーニング」のような場をつくる人であり、広義では何かを促進し、何かに働きかけ、何かを支援する人という、かなり漠然とした意味であったように思います。しかし、私のような状態——ファシリテーション・ファシリテーターという言葉を使用している当事者自身が意味をあいまいに理解し、説明を棚上げしている状態——は学術的な視点から批判されることもあります（佐々木、2011：p.129）。

その後、私はファシリテーションの研究に取り組むようになり、ここ数年は

「ファシリテーター」の多義性——特に、文脈によってファシリテーターの役割がかなり異なること（奥本他、2022；佐々木、2011；中村、2021）——に気付くにつれ、「自分はファシリテーターとしてどんな役割を果たしているのか」「学生にどんなファシリテーターとしての役割を期待しているのか」と、ファシリテーターの役割について深く考えるようにもなりました。こうしたファシリテーター自身の省察の重要性は、学問分野・活動領域を問わず多くの研究者によって指摘されています（例えば、三田地他、2022；山中、2018；孫、2013；牧野、2021）。

　以上のような問題意識から、本章では、これまで私が行ってきたファシリテーション活動と、私の学生が行ってきたファシリテーション活動を振り返り、それぞれのファシリテーターとしての役割をファシリテーション研究の観点から考察します。具体的には、大学生が国際協力キャンペーンを促進する活動（大学生によるファシリテーション）を私が支援した経験（教員によるファシリテーション）を研究対象とし、教員と学生という２つの立場のファシリテーターがどのような役割を果たしてきたのかを明らかにしていきます。

　本章では、まず、ファシリテーターの役割を先行研究に基づいて整理します。次に、オートエスノグラフィーという研究者自身の経験を研究データとする研究手法について概説します。そして、研究データとして、大学生が国際協力キャンペーンを促進する活動を私が支援した経験について記述します。最後に、ファシリテーターとしての、私の役割と学生の役割についてそれぞれ考察します。

2．ファシリテーターの役割

　ファシリテーターの役割は、先にも述べたようにその意味が文脈によって異なることから多様です。本節では、ファシリテーション・ファシリテーターの多義性を議論した 中村（2021）による分類に基づき、その役割を整理します。中村は、ファシリテーションの概念を「何を促進することを目的としているのか」と「どのレベル（個人レベル、グループレベル、組織レベル、コミュニティレベル）に働きかけていくのか」によって分類することができると述べています。

誌面の関係上、ここでは「目的」のみに着目していくことにします。中村によると、ファシリテーションの目的は以下の3つに分類することができます。

・「ラーニング」を目的とするファシリテーション

体験を通して気づきを得ることや学ぶことを促進する。ワークショップやアクティブ・ラーニングを通じて行われることが多い。

・「タスク」を目的とするファシリテーション

現実の課題における解決や合意形成を促進する。ビジネス領域の会議やコミュニティ開発における話し合いの場などで行われる。課題は人々の外側にあることが特徴である。

・「リレーション」を目的とするファシリテーション

人々の関係性を高めることを促進する。コミュニケーションを活性化したり、チームワークを築いたりする。「タスク」と異なり、課題は人々の内側にある。

中村（2021）は、この3つの分類は、ファシリテーター自身がファシリテーションの場を設計するときに「何を促進することを目指すのか」を考える枠組みとして役立つと述べています。ファシリテーションの目的が「雑多であいまいになると、ファシリテーターによる働きかけが意図的でなくなり、偶発的な効果しか望めない」（p.98）とも指摘しています。すなわち、ファシリテーターが第一に何を促進しようとしているのか、自身の役割を自覚していることが重要としています。

中村は、ファシリテーションの目的に無自覚なファシリテーターや、そうしたファシリテーターを生み出すファシリテーション教育を厳しく批判しています。ファシリテーションの目的に自覚的でないファシリテーターは、ファシリテーションの手法やスキルに頼り、その場で起こっているプロセスに気付き意図的に働きかけたり、その場にいる人々の力関係やファシリテーター自身が与える影響を考慮したりしないため、期待する効果や望ましい結果が得られないと指摘しています。アクティビティのやり方やマニュアル化された手法を教えるファシリテーション教育ではなく、ファシリテーションのポリティカルな性質を認識させるような、より深いファシリテーション教育が必要であると主張しています。

さらに、中村は、コミュニティや組織の成長と発展を目指すために求めら

れるファシリテーターの役割として、個人の「ラーニング」の促進のみならず「タスク」と「リレーション」を促進することが重要であると論じています。加えて、ファシリテーターは、ワークショップやイベントという限られた場（＝「点」）のみならず、日常的なかかわりを通して「線」として継続的に人々のエンパワーメントを促進する必要があるとも述べています。

3. 研究手法としてのオートエスノグラフィー

この研究で用いたオートエスノグラフィーという研究手法は、民族誌と訳されることもある伝統的なエスノグラフィーとは異なります[1]（アダムス他、2022；デンジン他、2006；藤田他、2013）。伝統的なエスノグラフィーでは、研究者が他者の生活世界・異文化社会に入りこみ、彼らの活動に参加し観察を行い、人々の営みを彼らの置かれた文脈ごと理解することを目指しています。伝統的なエスノグラフィーは、実証主義の影響を受け、客観的事実・中立的価値観・普遍的真理を重んじ、研究のプロセスにおいて研究者の主観やその存在を排除します。それは、主に西洋の白人男性研究者——さまざまな社会的特権を享受している人々——が、非西欧の人々や社会的少数派・弱者を描くという、非対称な権力関係を維持しながら発展してきた研究方法です。

一方、オートエスノグラフィーは、ポストモダニズム、ポスト構造主義、フェミニズムなどの影響を受け、伝統的なエスノグラフィーの限界や非倫理的な実践を批判し、1990年代以降に出現した新しいエスノグラフィーの形態の1つです。研究者の経験や主観を否定せず、むしろその個人的な経験や感情をデータとして研究者が置かれた社会や文化の理解を目指します。「文化的な現象/経験の内部者としての知識を描き出す」（アダムス他、2022：p.33）という研究手法です。オートエスノグラフィーにおいては、研究者と他者との対等な関係性を尊重し、研究者が自身のアイデンティティ、立場、他者との関係性が研究に与える影響について認識し振り返る再帰性（省察性）を重視します。オートエスノグラフィーが単なる研究者の自叙伝と一線を画しているのは、「その記述が他者や社会的文脈と関連づけられる」（土元、2022：p. 37）という特徴をもっているからです。そして、オートエスノグラフィーの表現形式は、研究論文以外

第6章　国際協力キャンペーンにおけるファシリテーターの役割

に、小説、詩、日記、歌など多様です。それゆえ、オートエスノグラフィーは「エスノグラフィーのさまざまな形態のなかでも最も自由で実験的な研究アプローチ」（井本、2013：p.104）といわれています。ただ、この自由な表現形式ゆえに、学術的に評価できないという批判もあります。

　こうした批判はありますが、さまざまな学問領域・研究分野で多くの研究者がオートエスノグラフィーを採用しているのは[2]、この研究手法がもたらす可能性や利点に高い関心を寄せているからです[3]。オートエスノグラフィーは、社会正義や自他のよりよい人生を追求し、周辺に置かれた人々や隠された声を表出させて学術的文脈に組み込み既存の知識や理論に貢献し、研究成果を学術界以外のさまざまな読者にも届ける手段となると指摘されています。また、他の質的研究方法と比較して低コストの手法であるともいわれています。

　私もオートエスノグラフィーの可能性と利点に魅了された研究者の一人です。この研究では、首都圏にない小規模女子大という大学業界では目立たない場で行われている、学術界からも世間一般からも注目されにくいファシリテーション実践に焦点を当てています。そして、この研究成果を、研究者のみならず、一般の方々にも伝えたいと考えています。それは、この研究が、たとえ小さなインパクトであっても、学術界はもちろん、自分や他の人たちの人生のためにも役立ってほしい、という願いからです。さらに、研究よりも教育に重点を置く本学のような大学で、この研究をすすめるためには、潤沢な研究費は用意されていません。こうした状況から、私はオートエスノグラフィーという研究方法にたどりつきました。次節では、オートエスノグラフィーの研究データ、つまり、国際協力キャンペーンのファシリテーションの経験について記述していきます。

4．国際協力キャンペーンのファシリテーション

　私は、2007年から本学で開発教育を実践してきました。開発教育は、「私たち一人ひとりが、開発をめぐるさまざまな問題を理解し、望ましい開発のあり方を考え、共に生きることのできる公正で持続可能な地球社会づくりに参加することをねらいとした教育活動」[4]であると定義されています。開発教育

で扱うテーマ・課題は、貧困、格差、紛争、人権侵害、多文化共生、環境破壊、気候変動、ジェンダー、SDGsなど多岐にわたります。開発教育においては、学習者がこのような問題を知り考えるだけでなく、「変わり・行動する」ことを重視します。また、開発教育の実践においては、教員には学習者の参加を促す「ファシリテーター」としての役割が求められています。

　私が担当している代表的な科目に「Development Education」という名称の科目があります。その授業の目的は、受講生が学習者として開発教育で扱う諸問題を理解し、解決に向けて「行動する」ことです。また、受講生には開発教育の担い手、すなわちファシリテーターとしての技術を習得することが求められます。授業の中では、受講生は開発教育の教材を作成したり、模擬授業（模擬ワークショップ）を行ったりする機会が与えられます。学校教育現場で役立ちそうな活動が多いため、教職を目指す学生には本科目の履修を勧めてきました。

しかし、当然のことながら、授業という限られた時間の中では、こうした目的を達成することは容易なことではありませんでした。また、授業を履修していない学生にも、開発教育に関心を持ち諸問題の解決に向けて「行動する」ことをしてほしい、開発教育の担い手であるファシリテーターになってほしいという思いがありました。そこで私が考えたことが、課外活動として学生が「行動する」ことと「ファシリテーターになる」ことを私が支援することでした。

　具体的には、学生の有志グループが、国際協力団体の主催するキャンペーンを活性化させる活動、つまり、学内外で啓発活動を行ったり関連イベントを開催したりする（＝「行動する」）活動を、私が支援してきました。私は自分自身をアドバイザー、有志グループをファシリテーターと呼び、開発教育の担い手として有志グループがそのメンバー以外の学生にもキャンペーンに参加する（＝「行動する」）ように働きかけることを期待しました。

　なお、開発教育の学習者である大学生が、課外活動を通じて開発教育のファシリテーターになる経験は、「通常の受動的な大学の講義によってはなかなか得ることのできない主体性や批判的思考力を涵養することができる」（大賀、2015：p.543）ということが指摘されています。本学の場合、この経験が有志グループのメンバーの成長にどのように影響を与えたのかについて客観的なデー

第6章 国際協力キャンペーンにおけるファシリテーターの役割

タはありません。しかし、有志グループの学生の多くが、さまざまな学びのある活動であったとその経験を振り返っています[5]。

　さて、これまで学生が参画してきた国際協力団体の主催するキャンペーンは3つあります。「世界一大きな授業」、「ストップ！児童労働キャンペーン」、「おにぎりアクション」です。それぞれのキャンペーン活動期間は、1～3か月程度であり、学生たちはサークル活動のように継続的に定期的に活動する必要はなく、キャンペーンごとに異なるメンバーで有志グループ（5人～30人程度）を結成してキャンペーンを活性化する活動を行いました。以下に、キャンペーンの概要と有志グループがどのような活動を行ってきたのかについて詳細を述べたいと思います。

・世界一大きな授業

　2012年から2019年までの間に毎年参加したキャンペーンは、教育協力NGOネットワークが実施する「世界一大きな授業」（2020年より「SDG4教育キャンペーン」に改称）です。これは、教育の大切さをみんなで知り、世界の教育格差について考えるという授業を世界の約100か国で同時期（4月～6月頃）に行うという、ギネスブックにも登録されているグローバルイベントです。このキャンペーンでは、貧困や文化的な理由で学校に行くことができず、家事や労働を強いられる世界の子どもたちの教育問題を取り上げます。教育協力NGOネットワークに申し込めば、公式教材やワークショップ形式の授業の進め方（ファシリテーションのやり方）が共有され、誰でもこの授業を実施することができます。

　本学では、有志グループが公式教材を本学学生向けに修正・変更し、ファシリテーションの練習を行って、クイズやロールプレイなどのアクティビティを取り入れた授業を学内で行いました（写真1）。開催年によってこの授業を受けた学生・教職員の人数は異なりますが、100名を超える大規模な授業になったこともありました。2015年には、大阪市内のユネスコスクールに認定されている公立小学校で、5年生約90名を対象に授業を行うという活動も行いました。なお、2017年度には、英語で授業を行うという取り組みもなされました。授業に参加した学生たちの感想から、この授業は、教育格差の深刻さ

155

写真1 「世界一大きな授業」ワークショップ

や国際協力の在り方について学びを深める機会となったことがわかりました。

　一方で、2019年度は、有志グループが結成されず、学生個人が「世界一大きな授業」を20名程度の参加者を得て行うにとどまりました。その前年度に私が1年間在外研修で大学から離れたことにより、学生への働きかけが足りなかったことが影響していると考えられました。

・ストップ！児童労働キャンペーン

　2014年から2017年まで毎年参加したキャンペーンは、「ストップ！児童労働キャンペーン」です。児童労働問題に関心を示し解決に貢献することを目指すNGO、労働組合などが加盟する「児童労働ネットワーク」が中心になって学校、企業、各種団体にキャンペーンへの参加を呼びかけています。このキャンペーンでは、6月12日の国際労働機関（ILO）が制定した「児童労働反対世界デー」を含むおよそ1～3か月の期間に、レッドカードを掲げることで、児童労働問題への意識を高めこれに反対する強い意思を表明する取り組み（「レッドカードアクション」と呼ぶ）を行っています。

　本学では、この呼びかけに応じ、有志グループが本学独自の「レッドカードアクション」を企画・実施してきました。4回目に当たる2017年のキャンペーンでは、有志グループのメンバー数が30を超え、教職員の積極的な参加もあり、小規模大学ゆえに全学的な取り組みとなりました。6月から8月までの間、児童労働に関する勉強会の開催に加え、学内掲示やSNSを通して児童労働問題に関する情報発信が行われました（写真2）。また、総勢320名を超える学生・教職員がレッドカードを掲げた写真をもとに制作したアート作品（写真3）を、同キャンペーンのフォトコンテスト（応募総数180作品）に応募し、一般投票で15,881票を獲得して大賞を受賞しました（写真3）。なお、このコンテストでライバルになったのは、全国的にも有名な大規模大学の学生団体でした。

・おにぎりアクション

　2020年から現在まで、毎年参加しているキャンペーンが「おにぎりアクション」です。「おにぎりアクション」は、開発途上国の飢餓や先進国の生活

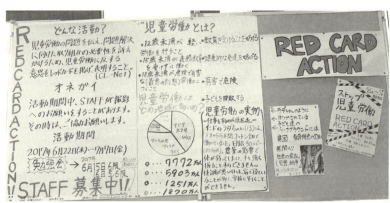

写真2 「レッドカードアクション」学内掲示

写真3 「レッドカードアクション」フォトコンテスト大賞作品

習慣病など食料をめぐる問題に取り組んでいるNPO法人TABLE FOR TWO Internationalが主催している、グローバルキャンペーンです。「おにぎり」の写真をSNSに投稿すると、写真一枚につき給食5食分に相当する寄付が協賛企業から提供され、開発途上国のアフリカ・アジアの子どもたちに給食が届けられるという取り組みです。 毎年、10月16日の「世界食料デー」をまたぐ1〜2か月の期間に実施されています。

　本学では、有志グループが、協賛企業・卒業生とのzoomおにぎりランチ会、おにぎり野外シアター、おにぎりコンテスト、ポスター掲示などを通じて、学内の学生・教職員にキャンペーンへの参加を呼びかけました（写真4）。2021年には、有志グループがファシリテーターとなって、小学生を対象とした食の大切さを伝えるワークショップを開催しました（写真5）。2022年には、TABLE FOR TWO International主催のおにぎりのクリエイティビティを競うコンテストに参加し、ろくろ首の形を模して作ったおにぎりを海外の学生に英語で紹介し、日本代表に選出されました。

5．教員ファシリテーターと学生ファシリテーターの役割

　本節では、まず、以上の活動において教員である私がファシリテーターとしてどのような役割を果たしてきたか、中村（2021）のファシリテーションの3分類を用いて考察していきます。

　当然のことながら、私が促進したことは、もっぱら「ラーニング」にあったといえます。先にも述べましたが、そもそもこの活動の発想は、開発教育の学びに関連して、学生が諸問題の解決に向けて「行動する」ことと開発教育の担い手としての「ファシリテーターになる」ことを支援するという教育的意図に基づいていました。私は、キャンペーンに関する情報を学生と共有し、学内外でどのようにキャンペーンを活性化する活動を行うことが可能か学生と話し合い、学内外の関係者と連絡を取って彼らが活動を行うために必要な環境を整えました。学生がキャンペーンに関する授業やワークショップを開催する際には、彼らが作成した教材やファシリテーションの手法にアドバイスを行いまし

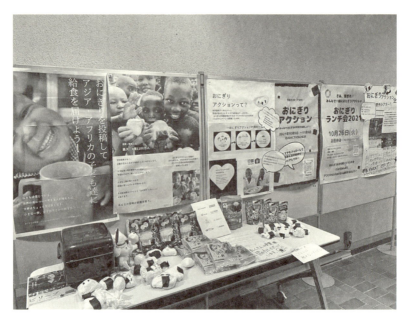

写真4 「おにぎりアクション」学内ポスター掲示

写真5 「おにぎりアクション」小学生対象ワークショップ

た。このような私の働きかけ（ファシリテーション）が、当初の目的であった
「行動する」「ファシリテーターになる」という「ラーニング」の成果をもたら
したということができます。

　実際には、私が促進した「ラーニング」の内容は、当初の目的だけにとどま
りませんでした。学生は勉強会やワークショップの教材作成を通して、開発途
上国の現状や援助のあり方について深く学ぶことにもなりました。また、活動
を円滑に進めるための企画書の書き方や学外の関係者と連絡を取る際のメール
の書き方などのビジネスマナーについても、私は学生に何度もアドバイスを行
いました。学生たちは社会に出てからそれらの経験が役立ったと振り返ってい
ます。

　また、私は「リレーション」タイプのファシリテーターであったともいえま
す。学生が仲間を募って有志グループを結成することを支援しました。残念な
がら、本学の学生の多くは課題やアルバイトに忙しく、国際協力活動に関心が
あっても単位修得と無関係な課外活動や利益がない活動に参加することに一歩
が踏み出せません。その活動を、自分とは普段あまりかかわりのない教員や学
生が行っているとなると、なおさらのことです。そのため、私は学生に個別に
声をかけて有志グループに勧誘しました。学生の参加を呼びかける際には、こ
の活動への参加は、国際協力という目的以外に就活の際に役立つということを
強調し、参加のインセンティブを与えました。具体的には、学生時代に取り組
んだことの１つとしてエントリーシートに書くことができる、社会人を含む学
外の人たちとのネットワークができることを学生に伝えました。こうしたイン
センティブは有志グループに初めて参加する学生には必要でしたが、一度参加
を経験すると、毎年、有志グループのメンバーに加わる学生も少なくありませ
んでした。

　なお、こうした私からの個別の学生への働きかけを可能にしたのは、本学が
小規模であり、またゼミ制度がない大学だからと考えられました。小規模大学
ゆえに、活動に関心がありそうな学生を私自身がおおよそ把握できたことや、
ゼミ制度がなく特定の教員に気兼ねすることなく学生が自由にさまざまな活動
に参加できるという風潮がありました。

　私は、有志グループの結成を支援すること以外に、有志グループメンバーの

チームワークや主体性を促すことも行いました。できるだけ、私は有志グループのリーダー（1～3名）とだけ接触するようにし、教員が活動を主導していることにならないように、私が活動の表に出ないようにしました。学生のミーティングにお菓子を差し入れることはありましたが、話し合いの内容には口を出さないようにしていました。ただ、あまり多くはないのですが、活動内容に対する意見の対立など学生同士のもめごとに介入することはありました。

　私が行った「リレーション」タイプのファシリテーションには、学生同士の関係だけでなく、学生に学外の関係者を紹介したり、卒業生や教職員に働きかけたりということも含まれていました。

　ただし、こうした私の「ラーニング」及び「リレーション」タイプのファシリテーションは、国際協力キャンペーン期間中に限定されたものではありませんでした。期間外でも、私がファシリテーションを行う学内外のワークショップで、有志グループのメンバーにアシスタントをしてもらったり、彼らに学外のワークショップの企画や参加を勧めたり、別の専門家につなげたりと、彼らの学びを日常的なかかわりの中で支援していました。このような継続的な「ラーニング」の支援は、彼らが次のキャンペーンの有志グループに参加する動機となっていたので、「リレーション」のファシリテーションとみなすこともできます。

　一方、学生のファシリテーターとしての活動は、「タスク」タイプと分類できます。国際協力キャンペーンを、学内外のイベントを通じて活性化させるためにはどうすればよいか、有志グループ以外の学生にもキャンペーンに関心をもってもらうにはどうすればよいかという課題が与えられ、それに取り組みました。教職員、卒業生、学外の関係者と話し合いの場を持ち、知恵を出し合い、合意形成をはかって、さまざまなイベント・ワークショップを企画・運営してきました。

　また、有志グループは「ラーニング」タイプのファシリテーターになることもありました。キャンペーンに関連した授業やワークショップのファシリテーターとなり、参加者にグローバルな課題についての学びを促進してきました。以上の「タスク」と「ラーニング」という役割は、私が学生ファシリテーターに期待してきたことでした。

第6章　国際協力キャンペーンにおけるファシリテーターの役割

　特記すべきは、彼らの活動は、意図せず、「リレーション」タイプのファシリテーターになったことです。例えば、「レッドカードアクション」のフォトコンテストで大賞を受賞したことは、学生による「リレーション」タイプの働きかけの成果と考えられました。有志グループは、コンテストで勝ちたいという思いを、有志グループメンバー以外の学生や教職員の多くと共有し、学内に一体感をもたらしました。なお、コンテストのライバルが、学生数では全国的にも有名な大規模大学であったことが、それと対極にある大学にいる学生・教職員のチームワークをより一層高めた一因になっていたと思います。

　以上、整理すると、教員ファシリテーターと学生ファシリテーターは、当初意図した役割に加えて、実際にはそれ以外の役割も果たしていたということがわかりました。私が意図したファシリテーターとしての役割は開発教育の内容に関する「ラーニング」を促進することといえますが、ビジネスマナーなどの「ラーニング」を支援したり、学生同士や学生と教職員・学外の関係者などの「リレーション」を促進したりというファシリテーションもありました。また、私が学生に期待したファシリテーターとしての役割は、「タスク」と「ラーニング」であり、学生自身もそれらの役割を担っているという認識があってそれを実行してきました。しかし、学生ファシリテーターは、それ以外にも、「リレーション」の促進に重要な役割を果たしていました。

6．おわりに

　本章では、学生による国際協力キャンペーンのファシリテーションを教員である私がファシリテートしてきた実践をオートエスノグラフィーによって振り返り、教員ファシリテーターと学生ファシリテーターの役割について考察しました。その結果、ファシリテーション研究の視点から整理すると、教員ファシリテーターも学生ファシリテーターも、当初意図していなかったことについてもファシリテーションを行っていたことが示されました。中村（2021）が批判する、ファシリテーションの目的が雑多であいまいになった時に生じる「偶発的な効果」（p.98）が生じていたといえます。

　今後の活動においては、教員ファシリテーターと学生ファシリテーターの役

割をより明確にし、私も学生も何を促進するかという目的をはっきりと自覚する必要があるかもしれません。それによって、意図したファシリテーションの効果をより一層高めることができるでしょう。ただ、一方で、意図した目的をストイックに追求するファシリテーションでは、私たちがこれまで経験したような「偶発的な効果」が生じる余地が失われてしまうかもしれません。ある程度の目的のあいまいさ・雑多さを許容し、「偶発的な効果」が生まれる可能性を残しながら、柔軟にファシリテーションを行っていくという態度も実際には必要であると考えています。

　最後に、「オートエスノグラフィーを行うことは、研究方法という以上のものであり、それは生き方なのだ」（アダムス他、2022：p.21-22）という言葉が示唆するように、このオートエスノグラフィーを書くことによってもたらされた私自身の変容について述べたいと思います。私は、この研究を通して（特に、2節で述べたファシリテーターのあるべき姿と自身の実践を比較して）、2つの理由からファシリテーターとしてのアイデンティティ（自己認識）を再考するようになりました。1つ目の理由は、「ファシリテーションの目的を明確に自覚していないファシリテーター」及び「より深いファシリテーション教育を受けていないファシリテーター」は学術的な視点から批判の対象になると知り、それがまさに自分であると気付いたことです。

　もう1つの理由は、ファシリテーターと自覚していなくても、ファシリテーターが行う必要があるとされる行為を実際に行っていたと認識したことです。私は授業、ワークショップ、国際協力キャンペーンなどのイベントの場においてはファシリテーターであることを自覚しつつ学生の学びを促進してきました。しかし、学生同士や学生と関係者をつなげているとき、また、キャンペーン期間外の日常的なかかわりの中で彼らの学びに働きかけているとき、ファシリテーターであることを強く自覚していたわけではありません。もし私が学術的な文脈で定義づけられた「ファシリテーター」を名乗っていれば、このような個人の「ラーニング」だけでなく「リレーション」に働きかけることや、限られた場である「点」から継続的な「線」の支援は、「偶発的」に行われた行為となってしまいます。ファシリテーターというスペシャリストを自認しなくても、つまり、学問の言葉で自身の行為を説明せずとも、さまざまな場所でファシリ

テーターの役割を担っている人は、同僚、友人、学生、近所の方など、私の周りにはたくさんいます。結局のところ、私もその一人であったと気付きました。

　オートエスノグラフィーを用いたこの研究によって、私のファシリテーターとしてのアイデンティティは、文脈によっては否定されたり（例えば、学術的文脈）、不必要であったり（例えば、学生との日常的なかかわりの文脈）することがわかりました。それは、ある場における私の存在や役割を、私自身がどう解釈するかより、他者がどう解釈するかを考えることになりました。身近なものもさまざまな解釈が可能であることを描いた絵本『りんごかもしれない』（ヨシタケシンスケ作）になぞらえて、本章冒頭の「私はファシリテーターです」という自己紹介を、「私はファシリテーターかもしれない」という他者視線を考慮した自己紹介に言い換えて、この章を閉じたいと思います。

注

1）　伝統的なエスノグラフィーとオートエスノグラフィーの違いに関する説明は、アダムス他（2022）、デンジン他（2006）、藤田他（2013）に詳しい。本節はこれらを参考にして記述した。
2）　各学問・研究分野でオートエスノグラフィーを用いた研究の例は、アダムス他（2022、p.90-91）に詳しい。
3）　オートエスノグラフィーの可能性や利点については、アダムス他（2022、p.23-47）に詳しい。
4）　開発教育協会ホームページ
　https://www.dear.or.jp/about/
5）　学生の成長に関しては、例えば、以下のサイトを参照。
　https://livika.jp/25165/
6）　参加した学生の感想の一部は、以下のサイトに掲載されている。
　http://www.jnne.org/gce2012/report-school.html
　http://www.jnne.org/gce2015/impression.html
　http://www.jnne.org/gce2017/report.html

引用文献

アダムス, T. E., ジョーンズ, S. H., エリス, C./ 松澤和正・佐藤美保（訳）（2022）オートエスノグラフィー——質的研究を再考し、表現するための実践ガイド，新曜社
井本由紀（2013）オートエスノグラフィー——調査者が自己を調査する，藤田結

子・北村文（編）現代エスノグラフィー——新しいフィールドワークの理論と実践（pp. 104-111），新曜社

大賀哲（2015）大学と地域コミュニティの接点としての開発教育——九州大学「世界一大きな授業」を事例として，法政研究，81（4），536-548.
https://doi.org/10.15017/1498334

奥本京子・前田美子・中西美和・船越多枝・関根聡・上野育子（2022）ファシリテーション研究とは何か——6つの学問領域における先行文献レビューを比較して，大阪女学院大学紀要，18, 21-35.

佐々木英和（2011）ファシリテーター概念に関する理論的考察——ファシリテーション実践の体系的把握につなげるための覚書，宇都宮大学教育学部教育実践総合センター紀要（34），129-136.

孫大輔（2013）対話の場作りをすすめるファシリテーターと省察的実践，日本プライマリ・ケア連合学会誌，36（2），124-126.
https://doi.org/10.14442/generalist.36.124

土元哲平（2022）転機におけるキャリア支援のオートエスノグラフィー　ナカニシヤ出版

デンジン，N. K., リンカン，Y. S.（編）／平山満義（監訳）／大谷尚・伊藤勇（編訳）（2006）質的研究ハンドブック3巻——質的研究資料の収集と解釈，北大路書房

中村和彦（2021）ファシリテーション概念の整理および歴史的変遷と今後の課題．井上義和・牧野智和（編）ファシリテーションとは何か——コミュニケーション幻想を超えて（pp. 93-119），ナカニシヤ出版

藤田結子・北村文（編）（2013）現代エスノグラフィー——新しいフィールドワークの理論と実践．新曜社

牧野智和（2021）反省性を統治する——ワークショップ／ファシリテーションの社会学的考察．井上義和・牧野智和（編）ファシリテーションとは何か——コミュニケーション幻想を超えて（pp. 179-209），ナカニシヤ出版

三田地真実・佐藤智彦・岡田徹太郎（2022）対面授業のビデオ記録を活用した省察——経済学大人数アクティブ・ラーニング型授業での実践，名古屋高等教育研究，22, 245-260.
https://doi.org/10.18999/njhe.22.245

山中信幸（2018）ファシリテーターとしての教師の養成——豊かな心を育む生徒指導の実践者の養成に向けて，川崎医療福祉学会誌，27（2-1），269-277.
https://doi.org/10.15112/00014430

あとがき

教職員がつなぐ教育への思いと姿勢

奥本 京子・前田 美子（編著者）

「女子大不要論」が闊歩し大学が淘汰される時代に、弱者とされる伝統ある小規模女子大の意義について再考する中で、本書は生まれました。本書は、関西地方の小さな女子大の長年に亘る試行錯誤のプロセスを、そこに集い、そこで形成される学習コミュニティの意義を見つめ続けてきた教員6人が、「ファシリテーション」という概念を通じて言語化するという試みです。

そして、本書には、そうした試行錯誤のプロセスとともに、本学教職員の教育に対する思いや姿勢が描かれています。本学では執筆者6名のみならず教職員全員が、小さいからこそ、女子大だからこそ、地方だからこそ、ミッションスクールだからこそ、私たちだからこそできることがあるはず、との思いを持って、学生の存在に敬意を払い、その成長の可能性に期待し、総力を挙げてその学びを支え促進し、導いてきたつもりです。こうした教育に対する思いや姿勢の本質は、1世紀以上前から変わっていません。1893年から通算18年間、本学の前身であるウヰルミナ女学校の校長を務めたA.E.モルガンは、次の言葉を遺しています。

ミッションスクールの目的は、教育だけでなく、キリスト教教育です。これら2つの言葉が結ばれて、1つの理念になったものです。このような成果は、官立学校では得られません。……私たちの学校には、役に立つ訓練を、キリスト教の雰囲気と環境の中で与えることのできる教師がいます。すべてにおいて、私たちが目指すことは、なんらかの方法で働く義務を悟り、正直に仕事をすることを誇りとし、日常生活の雑事を越えて、物事を見抜く力のある人間を形成することです。

本学では、140年間に亘りその時代時代の教職員がバトンを渡すように、「私

たちが目指すこと」を見失うことなく、守りつないできました。読者の皆さんに、こうした本学の教職員の教育への思いや姿勢が少しでも伝わることを願っています。

　最後になりましたが、本書の執筆にあたり、資料やデータの提供をしてくださった本学の教職員や学生の皆さんのご協力に感謝します。そして、明石書店の神野斉さん、清水聰さんには出版にあたり大変お世話になったことにお礼申し上げます。

【編著者紹介】

奥本京子（おくもときょうこ）まえがき・第3章・あとがき

所属：大阪女学院大学国際・英語学部／大学院21世紀国際共生研究科（1999年度より短期大学英語科を経て現在に至る）

専門分野：平和紛争学, 平和教育研究, 平和ワークにおける芸術アプローチ研究

主要著作：

① 『平和ワークにおける芸術アプローチの可能性：ガルトゥングによる朗読劇Ho'o Pono Pono: Pax Pacificaからの考察』（法律文化社, 2012年, 単著）

② 「紛争転換と芸術：動態的平和を模索して」（『平和研究』39, 69-89, 2012年, 単著）

③ 『平和創造のための新たな平和教育：平和学アプローチによる理論と実践』（法律文化社, 2022年, 共編著）

④ 『共生社会の大学教育：コミュニケーション実践力の育成に向けて』（東信堂, 2024年, 共著）

前田美子（まえだみつこ）まえがき・第6章・あとがき

所属：大阪女学院大学国際・英語学部／大学院21世紀国際共生研究科（中学高校理科教員、青年海外協力隊[ケニア派遣]、JICA教育専門家[ウガンダ・カンボジア派遣]を経て2007年度より現在に至る）

専門分野：国際比較教育学

主要著作：

① "Heightened awareness of a researcher's own culture through carrying out research on development cooperation." *Comparative Education, 47(3)*, 355-365, 2011. 単著

② "Diffusion of lesson study as an educational innovation." *International Journal of Comparative Education and Development, 21(1)*, 46-60, 2019. 単著

③ "Exam cheating among Cambodian students: when, how, and why it happens." Compare: *A Journal of Comparative and International Education, 51(3)*, 337-355, 2021. 単著

④ 翻訳書『SDGs時代の国際教育開発学—ラーニング・アズ・ディベロップメント』（法律文化社, 2020年, 単訳）

【著者紹介】（執筆順）

大塚朝美（おおつかともみ）第1章
所属：大阪女学院大学国際・英語学部（2015年度より短期大学英語科を経て現在に至る）

専門分野：英語音声指導（発音，リスニング），英語科教育法

主要著作：
① 『国際語としての英語：進化する英語科教育法』（松柏社，2017年，共著）
② 「日本人大学生によるR音性母音を含む英語母音の知覚混同」（『JACET関西紀要』22, 55-67, 2020年，単著）
③ 「中学英語検定教科書における音声学習項目とデジタルコンテンツの扱い」（『関西英語教育学会紀要』47, 53-72, 2024年，共著）

山本淳子（やまもとじゅんこ）第2章・コラム①
所属：大阪女学院大学国際・英語学部（企業、国立長岡工業高等専門学校、新潟県立看護大学、新潟経営大学を経て2019年度より現在に至る）

専門分野：第二言語習得（動機づけ，CALL），英語科教育法

主要著作：
① 「ICTを中心とする英語教育を受けた学生の意識に関する質的研究」（『日本教科教育学会誌』43(3), 35-47, 2020年，単著）
② 「大学生が活用するICTの機能と学習意欲の関係」（『英語授業研究学会紀要』30, 1-14, 2021年，単著）
③ "A case study of EFL Students' motivation toward online exchange programs." *Journal of Osaka Jogakuin University, 18*, 51–72, 2022. 単著

関根聴（せきねあきら）第4章
所属：大阪女学院大学国際・英語学部／大阪女学院短期大学英語科（2004年度より短期大学英語科を経て現在に至る）

専門分野：社会学，家族社会学，福祉社会学，ジェンダー論

主要著作：
① 「女性学生における性役割意識に関する比較」（『近畿大学人権問題研究所紀要』22, 35-49, 2008年，単著）
② 「高齢者の家族介護および資源の現状と将来」（『老年精神医学雑誌』26(2), 146-151, 2015年，単著）
③ 「大学生における性役割プロセスに関する一考察4」（『吉備国際大学大学院社会学研究科論叢』24, 1-16, 2023年，単著）

中西美和（なかにしみわ）第5章

所属：南山大学人文学部心理人間学科 (大阪女学院大学国際・英語学部[2012年度より2022年度まで]を経て2023年度より現在に至る）

専門分野：ヒューマニスティック・グループアプローチ、ゲシュタルト療法

主要著作：

① 『現代のエスプリNo.467　エンプティ・チェアの心理臨床　ゲシュタルト療法の介入』（至文堂, 2006年, 分担執筆）

② 『ゲシュタルト療法入門　"今、ここ"の心理療法』（金剛出版, 2012年, 分担執筆）

③ 「通い型Tグループを用いたリーダーシップトレーニングの実践報告」（『人間関係研究』21, 11-24, 2022年, 単著）

汐碇直美（しおいかりなおみ）コラム②

所属：日本基督教団神戸栄光教会（2013年度より2015年度まで伝道師）、医療法人愛和会愛和病院（2016年度より2018年度までチャプレン）、日本基督教団奈良教会（2019年度より2023年11月まで牧師）、淀川キリスト教病院（2019年度より2023年9月まで非常勤チャプレン）

職業：日本基督教団牧師、臨床パストラル・カウンセラー

専門分野：組織神学、ディートリヒ・ボンヘッファー

【大阪女学院大学　国際共生研究所（RIICC）叢書⑤】

ファシリテーションが創る大学
教職員と学生の協働による学習コミュニティ

2024 年 9 月 25 日　初版第 1 刷発行

編著者　　奥本京子
　　　　　前田美子
著　者　　大塚朝美・山本淳子・関根聴・中西美和

発行者　　大　江　道　雅
発行所　　株式会社　明石書店
　　　　　〒 101-0021　東京都千代田区外神田 6-9-5
　　　　　電　話　03（5818）1171
　　　　　ＦＡＸ　03（5818）1174
　　　　　振　替　00100-7-24505
　　　　　https://www.akashi.co.jp/
装　丁　　明石書店デザイン室
印　刷　　株式会社文化カラー印刷
製　本　　協栄製本株式会社

（定価はカバーに表示してあります）　　　　　　　ISBN978-4-7503-5816-1

JCOPY 〈出版者著作権管理機構 委託出版物〉
本書の無断複製は著作権法上での例外を除き禁じられています。複製される場合は、そのつど事
前に、出版者著作権管理機構（電話 03-5244-5088、FAX 03-5244-5089、e-mail:info@jcopy.or.jp）
の許諾を得てください。

新版 シミュレーション教材「ひょうたん島問題」
多文化共生社会ニッポンの学習課題
藤原孝章著
◎1800円

SDGs実践教材集
身近なことから世界と私を考える授業III
「自分ごと」として学ぶ17ゴール
開発教育研究会編著
◎1900円

本気で女性を応援する女子大学の探求
甲南女子大学の女性教育
野崎志帆、ウォント盛香織、米田明美編著
◎1800円

にほんでいきる
外国からきた子どもたち
毎日新聞取材班編
◎1600円

Q&Aでわかる外国につながる子どもの就学支援
「できること」から始める実践ガイド
小島祥美編著
◎2200円

JSLバンドスケール【小学校編/中学・高校編】
子どもの日本語の発達段階を把握し、ことばの実践を考えるために
川上郁雄著
◎各2000円

日本語を学ぶ子どもたちを育む「鈴鹿モデル」
多文化共生をめざす鈴鹿市＋早稲田大学協働プロジェクト
川上郁雄編著
◎2500円

対話で育む多文化共生入門
ちがいを楽しみ、ともに生きる社会をめざして
倉八順子著
◎2200円

外国人研修生の日本語学習動機と研修環境
文化接触を生かした日本語習得支援に向けて
守谷智美著
◎2600円

日本の「非正規移民」
「不法性」はいかにつくられ、維持されるか
加藤丈太郎著
◎3600円

ニューミュニシパリズム
グローバル資本主義を地域から変革する新しい民主主義
山本隆、山本惠子、八木橋慶一編著
◎3000円

国際移動の教育言語人類学
トランスナショナルな在米「日本人」高校生のアイデンティティ
小林聡子著
◎3600円

人権と多文化共生の高校
外国につながる生徒たちと鶴見総合高校の実践
坪谷美欧子、小林宏美編著
◎2200円

多文化社会に生きる子どもの教育
外国人の子ども、海外で学ぶ子どもの現状と課題
佐藤郡衛著
◎2400円

外国人児童生徒受入れの手引【改訂版】
文部科学省総合教育政策局男女共同参画共生社会学習・安全課編著
◎800円

新版 日本の中の外国人学校
月刊イオ編集部編
◎1600円

〈価格は本体価格です〉

ファシリテーター・ハンドブック

イングリッド・ベンズ 著
荻野亮吾、岩崎久美子、吉田敦也 訳
似内遼一 監訳

■B5判変型／並製／312頁 ◎3000円

効果的なミーティングを実現するためにはどうしたらよいのか。長年の経験から収集された手法やアイデアを網羅し、オンライン環境下での実践法も取り上げる。使いやすいプロセスツールに焦点を当ててファシリテーションの力を引き出す実践的なワークブック。

● 内容構成 ●

第1章 ファシリテーションを理解する
第2章 効果的な問いかけ
第3章 ファシリテーションの段階
第4章 ファシリテーションができる人
第5章 参加者を理解する
第6章 参加の場を生み出す
第7章 効果的な意思決定とは
第8章 対立のファシリテーション
第9章 ミーティングの運営
第10章 ファシリテーターのプロセスツール
第11章 話し合いの組み立て

多文化ファシリテーション

多様性を活かして学び合う教育実践

秋庭裕子、米澤由香子 編著

■A5判／並製／192頁 ◎2400円

スキルや態度、倫理、学びの「場」づくり、コンフリクトなど、協同学習のファシリテーションにおける重要ポイントを取り上げ、文化的多様性を学びに活かすヒント、実践の向上につながる具体的な方法を提案する。組織のファシリテーションの事例も紹介する。

● 内容構成 ●

第1部 多文化間協同学習ファシリテーションの多様な側面

教育のファシリテーションとは何か／ファシリテーションとファシリテーターの異文化間能力／ファシリテーションにおける倫理／協同学習のファシリテーター／学びの「場所」と「場」づくり／グループコンフリクトを学びに活かすファシリテーション／問いで学びをうながす／多文化環境での協同学習ファシリテーション座談会

第2部 組織で取り組む多文化学習環境のデザイン

組織のファシリテーション——日本の大学の場合
組織のファシリテーション——ミネソタ大学(アメリカ)の場合

〈価格は本体価格です〉

シリーズ〈文明と平和学〉①

3.11からの平和学

「脱原子力型社会」へ向けて

日本平和学会 [編]

◎A5判／並製／240頁　◎2,600円

設立50周年を迎えた日本平和学会が〈文明と平和学〉の課題に挑むシリーズ第1巻は、東京電力福島原発事故によって顕在化した近代文明社会の構造的暴力を問う。人間と自然、科学技術と戦争、中心と周辺といった視座から、望ましい社会の実現をはかる知的探求の成果。

《内容構成》

シリーズ「文明と平和学」について [佐々木寛]
はじめに──3.11からの平和学 [鳴原敦子]

第1部 「3.11」とは何か

語りにくい原発事故被害──なぜ被害の可視化が必要なのか [清水奈名子]／ 3.11 後の復興と〈自然支配〉──ポスト開発論の視点から [鳴原敦子]／福島県中通りにおける地域住民の闘い──放射性廃棄物処理問題をめぐって [藍原寛子]／福島県外自治体が経験した原子力災害──原子力との関係性に変化はみえるか [原口弥生]／福島原発事故 メディアの敗北──「吉田調書」報道と「深層」をめぐって [七沢潔]

第2部 グローバルな文脈からみた「3.11」

原子力災害と被災者の人権──国際人権法の観点から [徳永恵美香]／戦後の核開発国際協調体制とフクシマの連続性──UNSCEAR（原子放射線の影響に関する国連科学委員会）を中心に [高橋博子]／福島第一原発事故の後始末──海洋放出に反発する太平洋諸島の人びとの声 [竹峰誠一郎]／気候危機とウクライナ危機と忘却とによる「究極の選択」──原発再稼働への平和学からの問題提起 [蓮井誠一郎]

第3部 原子力型社会を乗り越える

原発事故後の分断からの正義・平和構築──非対称コンフリクト変容と修復的アプローチ [石原明子]／「風評」に抗う──測る、発信する、たたかう人びと [平井朗]／「脱原子力社会」へ歩み出した台湾──原発廃止・エネルギー転換・核の後始末 [鈴木真奈美]

おわりに──近代「文明災」としての 3.11 [佐々木寛]

〈価格は本体価格です〉